Toni Anzenberger, Claudio Honsal · Pecorino und die Kunst des Pilgerns

Toni Anzenberger
Claudio Honsal

Pecorino

und die Kunst des Pilgerns
Ein Hund geht den Franziskusweg

Mit Fotos und Karte

Residenz Verlag

Für alle Hunde, die in Tierheimen und auf der Straße leben müssen

Mehr über Pecorino finden Sie im Internet
unter facebook: „Pecorino Fan Club" und www.pecorino.at

Bibliografische Information der Deutschen Bibliothek:
Die Deutsche Bibliothek verzeichnet diese
Publikation in der Deutschen Nationalbibliografie;
detaillierte bibliografische Daten sind im
Internet über http://dnb.d-nb.de abrufbar.

www.residenzverlag.at

Fotos: Toni Anzenberger, www.anzenbergergallery.com
(außer S. 105, © Herbert Schludermann)
Bildbearbeitung: www.anzenberger-fink.com
Umschlaggestaltung: Fuhrer, Wien
Umschlagfotos: Toni Anzenberger
Grafische Gestaltung/Satz: www.zehnbeispiele.com
Schrift: Frutiger Serif & Accent Graphic
Lektorat: Dr. Barbara Münch-Kienast
Gesamtherstellung: CPI Moravia Books

ISBN 978-3-7017-3229-6

Inhalt

Prolog

„Um Pilger zu beobachten und studieren zu können, muss man selbst zum Pilger werden" – dachten sich wohl meine beiden Weggefährten, und so machten wir uns auf die Reise: ein Fotograf, der nebenbei seit zwölf Jahren mein Herrchen ist, ein Autor, der mir Stimme und Gedanken verleiht, und ich, der ich über mein Hundeleben und am Weg Erfahrenes reflektieren soll. Was ich auch machen werde, denn weder die Suche nach Gott oder mir selbst treibt mich für ganze zwei Wochen auf meinen vier Pfoten durch den halben Apennin. Ein Teilstück des – im Gegensatz zum spanischen Jakobsweg – noch kaum bekannten Franziskusweges hat man für mich auserkoren. Auf den Spuren des heiligen Franz von Assisi. Ein kluger Mann, ein Philosoph, ein Mönch, der unsereins schätzte, ja es sogar verstand, mit Tieren zu sprechen. Der Schutzheilige der Tiere, der Landespatron Italiens.

Mit längerem Gassi-Gehen hat dieses Abenteuer allerdings nichts zu tun, denn ich soll und will meiner jahrelangen Profession als eines der bekanntesten Hundemodels Europas – wenn nicht des Erdballs – entsprechen. Na ja, vielleicht höchstens William Wegmans noble Weimaraner, die wurden noch öfter abgelichtet als ich. Aber das ist eine ganz andere Geschichte. Außerdem möchte ich es meinem Herrchen, dem perfektionistischsten aller Profifotografen, noch einmal beweisen, dass ich es will und kann. Das Posing vor der Kamera und das richtige Stehen im richtigen Moment. Zeigen, dass ich auch mit meinen zwölf Jahren noch lange

nicht zu alt bin für einen Fotohund, nur reifer. Mal sehen, ob er nach unserer Foto-Pilger-Wanderung mit Stolz den heiligen Franziskus zitiert, der da einst sehr weise meinte: „Dass mir mein Hund das Liebste sei, sagst du, oh Mensch, sei Sünde. Mein Hund ist mir im Sturme treu, der Mensch nicht mal im Winde."

Déjà-vu: So sieht das Strandbad Amarcord 71in Rimini heute aus.
Schöner war's 1998, wie das Buchcover zeigt.

Dovadola: Der Cammino di Assisi kann beginnen. Pecorino (cane), Don Alfeo (padre)

Wüste Pilgerreise: Auch das gibt es im Apennin. Bitte, Wasser!

Andiamo: Von Dovadola bis Assisi sind es nur noch 300 Kilometer!

Die erste Nacht: Wohlfühlen in der Luxusherberge Agriturismo Marzanella.

Wo geht's lang? An der Ponte della Maestà in Portico vorbei und dann bergauf.

In Portico di Romagna ist am zweiten Tag die Welt noch ziemlich in Ordnung.

Dschungel-Feeling: Der Weg wird zum Pfad und endet manchmal im Dschungel-Nirvana.

Passo della Calla: Gedenkstätte für Feuerwehrleute mit prächtigem Ausblick über die Emilia Romagna.

Der Weg ist das Ziel: Nur manchmal sieht man den Wald vor lauter Bäumen nicht.

Versteckspiel: Kühlende Erfrischung im feuchten Toskana-Laub

Toskana-Blick: Vom Höchsten Punkt des Cammino, dem 1520 Meter hohen Poggio Scali

Schutzheiliger der Tiere: Farbenprächtige Begegnung mit Franziskus am Weg nach La Verna

Etappenziel: Das Felsenkloster La Verna kann nicht mehr sehr weit sein.

Ci Vediamo: Beim Aufstieg nach La Verna treffen wir wieder auf meine Fans aus Klagenfurt.

Ante Portas: Begrüßung durch Pater Lorenzo vor dem Klostertor von La Verna

Spirituell: Im Klosterhof von La Verna spürt man den Geist des heiligen Franziskus.

Sommergefühle: Rund um die Einsiedelei von Casella ist der Frühsommer in voller Blüte.

Wo ist der Campari? Antiker Brunnen oder doch Werbeträger für einen italienischen Aperitiv?

Endlich Schatten: Auch ein Hund braucht seine regelmäßige Regenerationsphasen.

Eremo della Casella: Hoffentlich sieht uns hier kein Pilger!
Franziskus wird's verzeihen. Ganz sicher!

Anreise zur ersten Etappe: Rimini bis Dovadola

Ich hatte es, wie wir alle, noch sehr gemütlich auf der Anreise von Rimini nach Dovadola, dem Ausgangspunkt unserer Wanderung. Die Rücksitzbank des vertrauten BMW meines Herrchens gehörte mir – mir ganz allein. Nur ab und zu am schaukelnden Wassernapf trinken, denn es war jetzt schon heiß am frühen Morgen, und der Tag sollte schließlich mit der ersten Etappe des Pilgerwegs beginnen. Also ausruhen, schlafen, schonen und ab und an aus dem Fenster die vorbeifliegende Landschaft betrachten. Eine Umgebung, die mir nicht unbekannt ist. Ich kann sie riechen, die Düfte meiner Kindheit. Ich kann sie verstehen, die spärlichen Wortfetzen, die durch die offene Rückscheibe ins Innere des Wagens dringen. Rimini, Forli, Dovadola. Die Namen sind mir vertraut, denn ich bin Italiener – Italiener von Geburt und auch als Wahlösterreicher immer noch mit Herz und Seele: geboren und aufgewachsen in der Poebene. Nicht so weit weg von der Emilia Romagna, die wir gerade durchqueren. Es war in Castagnaro, einem wirklich kleinen, verträumten Dorf in dieser für einen Welpen schier endlos anmutenden Flussebene. Zur besseren Visualisierung für Nichtortskundige stelle man sich das berühmte Dorf von Don Camillo und Peppone vor. Obwohl 100 Kilometer von meinem Geburtsort entfernt, herrscht dort nicht nur das gleiche Klima, es sieht dort auch genauso aus. So, wie eben fast jedes Dorf in der Poebene aussieht. Beschaulichkeit, Ruhe und manchmal auch unerträgliche Tristesse. An und für sich ein Paradies für Welpen. Hätte es da nicht zu viele von uns gegeben. Hundsein hat in der Region, ebenso wie in Spanien oder Griechenland, unter diesen Umständen eine völlig andere Wertigkeit. Härter ausgedrückt: keine.

Wir waren fünf Geschwister. Zu viele für diese Gegend, zu viele für einen Hof. Normalerweise, das mag jetzt sehr hart und brutal klingen, wird ein so großer, noch dazu ungeplanter Wurf von den Besitzern kurzum „entsorgt". Und eigentlich hätten wir fünf allesamt gleich nach der Geburt im ewigen Hundehimmel landen sollen. Normalerweise. Wäre da nicht unsere sehr, sehr schlaue Mutter gewesen: Lady, eine wunderschöne, gutmütige und gelungene Mischung aus Maremmaner, diesem anmutigen und fleißigen Abruzzen-Schäferhund, und Border-Collie. Ursprünglich stammte sie aus einem Tal in den Dolomiten und wurde erst später in der Poebene ansässig. Meinen Vater kannte ich aufgrund spärlichster Besuche kaum. Filippo hat man ihn gerufen, diesen sehr schönen, weißen Labrador von einem der benachbarten Bauernhöfe. Er muss ein ziemlicher Filou gewesen sein. Die genaue Anzahl meiner Halbgeschwister, die heute noch in der Poebene oder sonstwo leben, ist mir nicht bekannt.

Aber zurück zu meiner Mutter, der weitsichtigen, klugen Hündin. Wohl wissend, was mit unerwünschten Welpen in dieser Region passieren würde, hat sie sich völlig unbemerkt kurz vor unserer Geburt in ein Erdloch verkrochen. Direkt unter dem brüchigen Geländer einer Veranda des alten Nebenhauses, welches nur noch bewohnt wurde, wenn Besuch

Lang, lang ist's her: Mein erstes Babyfoto mit einem Monat.

kam und im Bauernhof der Platz zu eng wurde. Da waren wir nun, wir fünf, und keiner wusste, dass es uns gab. Lange Zeit nicht. Bis es dann zu spät war. An einem warmen, sonnigen Märztag machten wir Geschwister einen kollektiven, unerlaubten Ausflug in das weitläufige Kanalsystem rund um den Hof, und prompt wurden wir entdeckt. Die Überraschung für die Bauersleute war groß, aber auch die Freude. Denn Gott – oder auch Franziskus – sei Dank hatten unsere Frauchen und Herrchen, also alle Menschen, die da so auf dem Bauernhof lebten, immer schon ein Herz für Tiere und für Hunde im Speziellen. Alle fünf konnten wir allerdings nicht bleiben. Zu viele Hunde verunsicherten schon die Gegend und wollten auch gefüttert werden. Also wurden wir im Freundes- und Bekanntenkreis angepriesen und verschenkt. Das ursprünglich geheime Erdloch leerte sich im Laufe der Wochen, und meine Geschwister fanden alle ein neues Zuhause. Alle bis auf mich. Ich soll der kleinste und zarteste Hund gewesen sein. Das Fell, im Gegensatz zu den anderen Welpen, kurz und so ganz ohne Anzeichen vom Zottelhaar des Maremmanen. Ein Sonderling, ein Außenseiter, der immer etwas abseits von den anderen vorsichtig seine Runden drehte, und dann plötzlich ganz einsam, verlassen von den Geschwistern. Keine Spielgefährten, keinen Gesprächspartner außer meiner liebevollen Mutter. Dieser unerträgliche Zustand dauerte allerdings nur drei Wochen an. Mein Wunsch – „Die Letzten werden die Ersten sein!" – sollte bald schon in Erfüllung gehen. Acht Wochen nach meiner Geburt kam ein Mann auf den Hof. Ein für mich fremdes Gesicht, ein neuer Geruch. Es war Liebe auf den ersten Blick; zumindest von seiner Seite aus. Ich war anfangs sehr zurückhaltend, geradezu scheu, als er schon auf mich zukam und mich sofort in sein Herz schloss. Vielleicht war es auch seine Größe, denn Toni war mit seinen 1,98 Metern der mächtigste Mensch, den ich bis dato gesehen hatte, und er trug ständig ein für mich unbekanntes Gerät mit sich herum: eine Spiegelreflexkamera.

Dass unser Abenteuer nun ausgerechnet in Rimini beginnt, ist kein Zufall. Es hat einen praktisch-ökonomischen und einen familiären Grund: Wir haben die Nacht vor dem Pilgerstartschuss bei Herrchens Cousine Katrin verbracht. Sie fährt uns nach Dovadola, wird Herrchens Auto übernehmen und es die kommenden zwölf Tage so behüten und bewachen, wie ich das mit meinem vollen Fressnapf zu tun pflege. Schließlich sind wir in Italien, und BMWs sollte man nicht tagelang herrenlos herumstehen lassen. Auch nicht neben einem Pilgerpfad. Katrin lebt mit ihrer Familie seit ewigen Zeiten hier am Meer. Somit ist der legendäre Adria-Badeort auch mir nicht fremd, hier kenne ich mich aus, war ich oftmals, und hier hat auch vor über einem Jahrzehnt meine Fotokarriere so richtig begonnen. *Pecorino in Rimini*, mein allererster Bildband, ist vornehmlich am Strand entstanden. Klar, dass wir gestern einen kurzen Abstecher zu den noch verwaisten *bagni* machten. Einsam wirkt die Kulisse, keine Sonnenschirme, keine Liegen und schon gar keine Sonnenhungrigen – noch steht man in den Startlöchern. Ab Juni beginnt hier die Hochsaison und damit der absolute Wahnsinn. Dann sollte man als Hund eher reißaus nehmen, obwohl es unsereins seit den 90ern hochoffiziell erlaubt ist, die Pfoten in die Meeresbrandung zu stecken. Jetzt im Mai können wir noch die Ruhe vor dem Sturm richtig genießen, genauso wie damals im Oktober vor zwölf Jahren. Bagno Amarcord 71 heißt unser Ziel. In diesem Strandbad wurden im Jahr 1998 die legendären Fotos von mir geschossen. Ein langer bunter Steg aus weißen und grünen Steinplatten vom Eingang des *bagno* über den feinen Sandstrand bis hin zum Meer. Bunte, grelle Farben und mitten drauf Pecorino, den Blick auf den weiten, blauen Horizont gewandt. Genau dieses Foto hat mich berühmt gemacht, genau dieses Motiv wollen wir nun nachstellen. Gott, war ich damals jung! Auch Herrchens Stimmung ist fast ein wenig nostalgisch-melancholisch. Was uns allerdings erwartet, ist mehr als ernüchternd. Die einst bunten Farben der Steinplatten sind dumpf und abgeblättert, der Sand grau, von Algen und Schwemmholz übersät. Von der Pracht des *bagno* ist wenig übrig. Die Jahre haben ihre Spuren hinterlassen. Nun, wer keine Vergleichsmöglichkeiten hat, nimmt eben, was er bekommt. Aber ich kann mich nur mit Wehmut an die gute alte Zeit erinnern, an den einstigen Ruhm und Glanz von Rimini.

Erste Etappe: Dovadola bis Rifugio Marzanella 22 km

Da waren wir nun angelangt, in Dovadola, dem Ausgangspunkt unserer Pilgerreise nach Assisi. Man kann den Weg an verschiedenen Stationen offiziell beginnen. Wir haben uns für die nördlichste entschieden, gut eine halbe Autostunde von Forli entfernt in den Bergen. In den noch sanften Hügeln, wie wir später retrospektiv anmerken werden, denn der kleine Ort liegt auf einer Höhe von lediglich 134 Metern ü.d.M. Noch war alles *facile*. Die Rucksäcke meiner beiden Begleiter lehnten an den altehrwürdigen Mauern der kleinen, mittelalterlichen Wallfahrtskirche. Die Sonne lachte vom Vormittagshimmel, und die Stimmung war entspannt, fröhlich, als der professionelle Teil eines jeden Franziskuspilgers seinen bürokratischen Anfang nahm. Ein Pilgerausweis musste her. Siegel und Unterschrift auf der hochoffiziellen Urkunde, die man vielleicht nach 300 Kilometern Plackerei am Ziel bekommen würde, ja erringen musste, haben wohl primär symbolischen Wert. Dennoch sollten die – in unserem Fall – dreimal 15 Euro investiert werden, um später einmal ein schönes Beweisstück für den Freundes- und Bekanntenkreis zu haben. Egal ob am spanischen Jakobsweg oder hier, es ist eine nette und auch hilfreiche Tradition geworden, sich in den Herbergen und Klöstern einen Pilgerstempel in den Pass drücken zu lassen. Vielleicht ist es auch nur ein psychologischer Krückstock, ein Schmeicheln der eigenen Seele, sich am Ende des Tages mit der jeweiligen Etappenstampiglie als „echter Pilger" zu identifizieren. Das sollte jeder für sich entscheiden. Darüber hinaus hat dieser Ausweis auch einen sehr praktischen Nutzwert, denn beigefügt ist eine vielerprobte Wegekarte der einzelnen Tagesetappen. Grafisch gut aufgelöst, mit Kilometer- und Stundenangaben und eingezeichneten Höhenmetern. Trotz der guten Vorbereitung, der Landkarten und schwergewichtigen Reiseführer, die meine Begleiter in ihre Rucksäcke gestopft hatten, wären wir wohl schon am ersten Tag ohne die simplen, aber präzise angelegten Etappenkarten an mancher Weggabelung etwas dumm vor nicht ganz vollendeten Tatsachen gestanden.

Ausgestellt wurden uns diese Pilgerpässe von Pater Don Alfeo. Wie vieles in Italien dauerte das. Obwohl – ganz im Gegensatz zur ersten Station des Jakobswegs – keine Horde Pilger seine kleine Kirche belagerte. Genauer gesagt war es einer. Moreno, ein Physiopraktiker aus Vicenza, wie sich später herausstellte. Der durchtrainierte Mittfünfziger sollte im Laufe der kommenden Tage zu unserem „Pilgerschatten" avancieren. Er hatte seinen Ausweis schon und machte sich eiligen Schrittes auf den Weg. Nun waren unsere drei Pässe an der Reihe, denn auch ich sollte zum offiziellen *pellegrino d'Assisi* geadelt werden. Ein Umstand, den sich meine beiden Begleiter als Gag unbedingt eingebildet hatten, der allerdings bei Don Alfeo vorerst Verwunderung, dann leichte Bedenken und etwas später schallendes Gelächter auslöste. Der Franziskaner konnte sich nicht daran erinnern, jemals in seiner Tätigkeit als Passaussteller einem „Nichtmenschen" den Pilgertitel verliehen zu haben. Ein Pilger aus Berlin war vor einigen Jahren mit seinen drei Hunden auf der Wanderschaft durchgereist. Ein Holländer hatte seinen Schäferhund als Wegbegleiter mitgebracht, aber einen Hund als offiziellen Pilger, das hatte der gottesfürchtige Mann noch nie erlebt. Waren es meine treuen Augen oder die erläuternde Erklärung, dass ich doch ein berühmter Hund sei und letztendlich über Don Alfeos und Francescos Pilgerweg berichten werde – egal, ich bekam den Ausweis. Neben den genauen Angaben über Herkunft, Wohnort und sonstige Personalia fügte der überraschte, aber freundliche Gottesmann zu meinem Namen in Klammer die kurze Erklärung *cane* hinzu. Als hätte man auf dem obligaten Foto nicht erkannt, dass es sich bei mir nicht um ein Schäfchen oder einen Affen, sondern um einen wunderschönen Hund handelt. Um der kirchlichen Bürokratie vollends gerecht zu werden, signierte ich das Antragsformular mit einem Abdruck meiner linken Vorderpfote. Mit diesem Footprint war meine Pilgerschaft nun auch amtlich.

Auf meinen Schultern ruhte vorerst nur die Last, sich gut ablichten zu lassen. Einmal noch in meinem langen Leben als Star unzähliger farbenprächtiger Bildbände wollte ich meinem Herrchen beweisen, dass ein Hund mit zwölf Lenzen auf dem Buckel immer noch gut vor dem Objektiv agieren kann. Weder musste ich nach dem Sinn des Lebens fahnden – den habe ich längst gefunden – noch die notwendige Last meiner Wegbegleiter in Form von zwei überdimensionierten Rucksäcken tragen. 14 Kilo der Schreiber, 18 der Fotograf. Was alles in den Aufbewahrungsbehältnissen steckte und was fehlte, sollte ich im Laufe der Wanderung nur zu genau erfahren.

Da war er nun, der erste Wegweiser, der uns auf die lange Wanderstrecke einstimmen sollte. Ein schlichtes, verwittertes Holzschild mit dem eingeschnitzten Hinweis: „Il Cammino di Assisi. Dovadola–Assisi 300 km". Eine nicht zu unterschätzende Distanz, die Franziskus wohl nur ein mitleidiges Schmunzeln entlockt hätte. Hat der doch seine Reisen bis nach Ägypten größtenteils per pedes bewältigt. Zuerst als Lebemann und weltoffener Bürger, später dann als Prediger, Eremit und Mönch. Für die Identität der Italiener, wie ich einer bin, ist Franziskus das, was Jakobus für die Spanier ist. Vielleicht aber sogar noch mehr, denn er war schon ein richtiger Italiener, bevor es Italien überhaupt gab. Bereits im 12. Jahrhundert vereinte er alle Merkmale, welche den Bewohnern dieses Landes noch heute gerne als typisch italienisch zugeschrieben werden. Anfangs war er extrovertiert, kreativ, poetisch, fröhlich und äußerst reiselustig. Ein Mann, der aus gutem Hause stammte, der gerne Geschichten lauschte und sie noch lieber erzählte. Er war redselig, mitteilsam, aber gleichzeitig vor allem in seinem späteren Leben auch fähig zu einsamen geistigen Höhenflügen. Der große italienische Dichterfürst Dante Alighieri sprach von ihm als „die Sonne". Dabei war der gebürtige Giovanni Battista Bernadone eher ein kleiner, unansehnlicher und kränklicher Mann, wie aus den Porträts von Giotto bis Rubens leicht ersichtlich ist. Nach der Rückkehr von einer Handelsreise in Frankreich verpasste ihm sein Vater, ein Tuchhändler aus Assisi, kurzerhand den Rufnamen „Francesco" – also Franzose. Damit sollte er dann auch in die Annalen eingehen und nicht nur Kirchengeschichte schreiben.

Die stattliche Wegstrecke von 300 Kilometern also wollen wir in zwölf ausgeglichenen Etappen meistern. Der Ort Dovadola liegt längst unter uns. Ruhig, friedlich, malerisch. So, wie der Großteil der Landschaft in der Emilia Romagna eben wirkt … Es ist immer gut, sich das, was man genießen möchte, zu verdienen! Also beginnt der erste Wegabschnitt bis zum Eremo Sant' Antonio gleich einmal mit einer ziemlichen Steigung. Die berühmte Einsiedelei liegt nicht direkt am steinigen Pfad, sondern etwas abseits im Wald. Der kleine Umweg, in seiner Summe vielleicht drei Kilometer, zahlt sich aus. Wir sind schließlich erst in der Aufwärmphase, und noch vergleichen wir den Pilgermarsch mit einem gemütlichen Gassi-Gehen.

An der Wallfahrtskirche angelangt, lächelt uns ein bekanntes Gesicht entgegen: Moreno. Als wir schon etwas erschöpft ankommen – die Mittagssonne brennt bereits auf die asphaltierte Straße vor der anmutigen Kapelle –, bricht der emsige Therapeut gerade wieder auf zum nächsten Etappenziel, dem Monte Trebbo. Dessen Gipfel will allerdings bereits auf einer Höhe von 800 Metern ü.d.M. erklommen werden. Für mich wird hier der Ernst des Lebens beginnen. Aber zuvor hat Toni, Herrchen und Fotograf, das erste unvermeidliche Pilgermotiv ausgemacht: die Kapelle. Gestört wird unser Shooting nur von unzähligen Radfahrern, die von allen Seiten ins Bild stürmen. Nach geglückter Bergwertung tanken sie ihre Wasserflaschen am Brunnen der Kapelle neu auf. Dieser verspielte Brunnen ist allerdings nicht dem heiligen Franz gewidmet, sondern Glaubensbruder Antonius, dem Eremiten der nahen Einsiedelei.

Fast zwei Stunden später und knapp acht Kilometer weiter durch grüne, hügelige, menschenleere Landschaft haben auch wir den Monte Trebbo erreicht. Und wieder ist es ein Radfahrer, der uns am Gipfel entgegenstrahlt. Diesmal aber in Form eines Denkmals. Eine moderne Skulptur aus Eisen wurde hier für die zahlreichen, bedauernswerten Opfer des Giro d'Italia installiert. Übrigens ist dieses nach der Tour de France wohl bekannteste Radrennen der Welt gerade wieder on tour, was schon bei unserer Anreise nach Rimini zu einigen Verkehrsbehinderungen und allgemeiner Volksfeststimmung geführt hat. Es ist Zeit für die erste längere Rast. Wasser. Ausruhen im Schatten der Bäume rund um das Radfahrer-Denkmal. Zeit zum Entspannen, Schlafen und Nachdenken.

Ja, Radfahrer verfolgen mich schon mein ganzes Leben lang. Professionelle Radfahrer. Denn bevor mein Herrchen vor vielen Jahren zur Kamera gegriffen hatte, um damit sein Brot und mein Hundefutter zu verdienen, war er Radfahrer. Professioneller Rennradfahrer. Oft habe ich ihn erzählen hören, dass er bereits als Zehnjähriger mit seinem Vater von Wien nach Bregenz eine „Pilgertour" unternommen habe. Mit 13 Jahren sein erstes Rennen gefahren ist und nach einer Österreich-Rundfahrt im Jahr 1987 aufgehört hat. Neue berufliche Herausforderungen machten das zeitaufwendige Training unmöglich. Den Ehrgeiz eines Spitzensportlers hat er sich behalten und steckt ihn seither in die Fotografie. Zuerst als Sportfotograf und seit er mich hat, als Reportage-, Landschafts- und Hundefotomeister. Wobei auch Letzteres nicht ganz geplant war: Wäre ich nicht so oft in meinen jungen Hundejahren zufällig in sein Bild gelaufen und dort völlig, ja unnatürlich starr stehen geblieben, wäre er wohl nie auf die Idee gekommen, mich zum professionellen Model auszu-

Aufreger: Dieses Foto mit dem Waffenrad landete später auf dem Cover des *Independent.*

bilden. Rad fahren geht er trotzdem immer noch. Leider. Denn wenn er mindestens zweimal die Woche sein hochpoliertes Rennrad auspackt, ist es vorbei mit unserer gemeinsamen Zeit. Er hält nichts davon, Hunde neben dem Rad einherlaufen zu lassen. Schon gar nicht, wenn es sich um einen in die Jahre gekommenen Artgenossen wie mich handelt. Er traut mir eben nichts mehr zu.

Dass ich im Laufe meiner Modelkarriere natürlich auch auf einem Fahrrad posieren musste – versteht sich. Doch genau diese Aktion brachte meinem Herrchen einigen Ärger ein, beziehungsweise die Veröffentlichung dieser Aktion. Es muss im Jahr 2000 gewesen sein, als mich Toni bei einem Heimaturlaub in der Poebene auf ein altes, klappriges Waffenrad setzte. Das Foto war genial, ein Hit. Das erkannten auch die Redakteure des renommierten *Independent on Sunday* und druckten es formatfüllend auf der Titelseite ab. Der Rad fahrende Pecorino auf dem Cover löste im konservativen Britannien allerdings nicht nur Begeisterung aus. Tierschützer meldeten sich in Leserbriefen zu Wort und bezichtigten mein Herrchen der brutalen Tierquälerei. Hier soll nun ein für alle Male gesagt sein, dass mir weder das Sitzen auf dem Fahrrad noch irgendein anderes Posing in meiner langen Karriere als Fotohund geschadet oder in irgendeiner Weise Schmerzen verursacht hat. Von Tierquälerei also keine Rede. Ich bin ein etwas ungewöhnlicher Hund, ich bin eben ein Fotohund und liebe es zu posen. Ich bin berühmt und ich bin gerne berühmt, weil ich es kann – das Posen. Ja, ich genieße es sogar. Sonst wäre ich ja ein blöder Hund!

Genug sinniert. Genug gerastet. Die in den italienischen Landesfarben gehaltenen und mit dem Piktogramm der

Mönchskutte versehenen Wegweiser des *cammino* warten schon wieder darauf, gefunden zu werden. Zwar hat die Akzeptanz und Bekanntheit dieses Pilgerweges in den vergangenen Jahren stark zugenommen, aber dennoch gehört er – wieder ganz im Gegensatz zum Jakobsweg – immer noch zu den Geheimtipps. Das lässt sich auch leider manchmal an der Beschilderung oder – besser gesagt – Nichtbeschilderung ablesen. Nicht nur, dass es einige Varianten des Franziskusweges gibt, die Wegweiser sind auch noch unterschiedlich eingefärbt und differieren manchmal gravierend in ihren Kilometer- und Zeitangaben. Man sollte auf jeden Fall nach dem gelben Tau suchen. An Bäumen, Zäunen, Pfosten und auf die asphaltierten Straßen aufgemalt. Das Tau steht für den Segen des heiligen Franziskus. Und das Gelb der Markierung ist seit dem Erfolg des Jakobsweges zur Farbe sämtlicher Pilgerwege geworden. Einer glorreichen Ankunft am Endziel in Assisi sollte dann nichts mehr im Wege stehen. Allerdings wäre es unklug zu vergessen, dass man sich in Italien befindet und hier nicht immer mit deutscher Gründlichkeit gearbeitet wird. *La dolce vita* hat eben auch vor den fleißigen Wegmarkierern nicht immer haltgemacht. Selbst für eine – meine – feine Nase ist der richtige Weg oftmals etwas schwierig zu erschnüffeln.

Wälder, Wiesen, steinige Pfade und kein Mensch weit und breit. Obwohl wir in einer der beliebtesten Touristenregionen des Landes unterwegs sind, haben wir bis jetzt keine Menschenseele getroffen. Da wird der Pilger schnell zum Eremiten. Vorherrschender Eindruck ist die Stille, abgesehen von den beruhigenden Naturgeräuschen wie dem Rascheln der Bäume oder dem Gesang der Vögel. Auch zu markieren gibt es hier nicht viel, weil kaum je ein Hund zuvor den Weg gekreuzt hat.

Das sollte sich schnell ändern. Nur einige Kilometer nach unserer letzten Rast tut sich in der Ferne mitten im beschaulichen grünen Nichts ein Bauernhof auf. Zwar wieder nicht unmittelbar am *cammino* gelegen, aber meine Mitstreiter nehmen den optisch kleinen Umweg in Kauf. Ein leichtes Hungergefühl plagt sie, und aus der Karte ist klar zu ersehen, dass es sich um die Azienda Vitivinicola Il Pratello handeln muss. Schnell biegt man vom rechten Weg ab, wenn menschliche Gelüste ins Spiel kommen. Kurz vor den Eingangstoren zu dem Bio-Landgasthof stoppt uns allerdings ein lautes Gebell. Ein leicht verwahrloster, vielleicht gerade deshalb sehr gefährlich wirkender Schäfermischling blafft uns entgegen. Vorsicht ist geboten, da es sich um einen Rüden handelt. Herrchen ist immer sehr aufmerksam, wenn sich ein gleichgeschlechtlicher Hund nähert. Man weiß ja nie! Doch da kommt schon der Besitzer, der seinen Hund in den nahen Zwinger steckt und somit die Gefahr für mich wohlweislich abwendet. Man hält hier am frühen Nachmittag zwar längst schon Siesta, aber für Pasta mit Olivenöl hat es dann doch noch gereicht. Köstlich, wie ich den begeisterten Gesprächen meiner Mitstreiter entnehmen konnte. Dazu wird eine feine Flasche vom hier angebauten Rotwein getrunken. Für mich gibt es Hundefutter aus der Dose, besser gesagt aus deren Leichtversion, dem Plastikschälchen. Auch gut.

Und – da steht sie plötzlich. Wie aus dem Nichts kommend. Weiß und wunderschön. Sie wird ihrem Namen Valanga, zu Deutsch „Lawine", voll und ganz gerecht. Eine Maremmaner-

Hündin. Bilder aus meiner Kindheit werden wach. Doch das Interesse ihrerseits ist eher bescheiden. Der Grund sollte uns nach dem Nachmittagssnack vom Wirt, Bauern und Winzer in Personalunion freudig gezeigt werden: Valanga war erst vor zwei Wochen glückliche Mutter von vier Welpen geworden. Klar, dass die beschützende Mutterrolle da noch überwiegen musste. So behutsam, wie sie nun mit ihren Hundewelpen umging, dürfte die Maremmanin aber immer sein, auch zu Pilgern. Hat sie sich doch schon oftmals in den Kopf gesetzt, pilgernde Passanten einen ganzen Tag lang zu begleiten und erst spätabends wieder auf den Hof zurückzukehren. Diesmal leider nicht!

Agriturismo Marzanella wird als Nächstes und für uns letztes Tagesziel auf den Wegweisern angezeigt. Allerdings mit dem kleinen Wermutstropfen der beigefügten Zeitangabe: vier Stunden. Satt und guten Mutes geht es durch endlose Wälder mit ebenso endlos wirkenden Fotoshootings bergauf und bergab. Am frühen Abend nach vielen Stunden mit ebenso vielen Pausen und insgesamt mindestens 24 zurückgelegten Kilometern, inklusive kleiner Exkursionen und einer allerletzten Steigung, erreichen wir das Tagesetappenziel: das Rifugio Marzanella nahe Tredozio. Wunderschöne Steinbauten auf einer Lichtung. Ein traumhafter Ausblick auf die von Weinreben gesäumte Hügellandschaft. Toskana-Feeling kommt auf, obwohl wir die geografische Grenze erst am übernächsten Tag erreichen sollten. Gepflegter Luxus, der sich in der großzügigen Zimmergestaltung und später beim ersten Abendmahl wiederspiegelte. Ein dreigängiges Menü im Kreise bekannter Gesichter. War doch Pilgerschatten Moreno – welch ein Zufall – auch hier abgestiegen. Es gibt ja auch nicht viel im Umkreis von 30 Kilometern.

Anders als am Jakobsweg existieren hier kaum offizielle Pilgerherbergen. Immer mehr Pfarrgemeinden oder Klöster bieten allerdings mit der zunehmenden Popularität des Franziskusweges einfache Unterkünfte und Schlafgelegenheiten an. Welch ein Glück, wohl in erster Linie für meine beiden verwöhnten Mitreisenden, dass in diesen katholischen Einrichtungen – oftmals mit Massenschlafsälen – Hunde untersagt sind. Reservierungen im Voraus sollten allerdings auch dort frühzeitig getätigt werden. Der Franziskusweg ist – wie man nicht oft genug erwähnen kann – noch ziemlich unerschlossen und somit auch die Gastronomie, Hotellerie und Nahversorgung am Wegesrand.

Beste Fotolichtverhältnisse nach dem Abendessen. Ein Umstand, der mein Herrchen natürlich nicht gleich zur Ruhe kommen ließ. Mich übrigens auch nicht. Pecorino, sitzend auf einem alten, verrosteten Pflug. Pecorino, stehend vor der untergehenden Sonne. Und plötzlich: Pecorino und ein sich ins Bild drängender Beagle. Theo war sein Name. Wieder ein Rüde, aber diesmal ein ganz friedlicher, wie uns die Hausherrin versicherte, weil er eben kein wirklicher Rüde mehr war. Theo wollte spielen. Ich wollte endlich schlafen. Über 22 Kilometer und die erste von insgesamt zwölf Etappen hatten wir mit Franziskus' Hilfe gut überstanden. Glücklich, erschöpft und müde, aber ohne eine einzige Blase an Pfoten und Menschenfüßen. Ein herrlicher, ein erfüllter erster Tag. Wir waren mit Gott und der Welt um uns herum im Einklang.

Zweite Etappe: Marzanella bis Premilcuore 24 km

Strahlender Sonnenschein. Beagle Theo schwänzelt ein letztes Mal um uns herum. Das Morgenlicht wäre zwar wieder ideal, doch die besten Motive hatten wir bereits im satten Abendlicht. Also wird gewandert, mitten hinein ins unendliche Grün, das am Wegesrand von kräftigen gelben Blumen durchbrochen wird. Was uns erwartet, ist ungewiss, jedenfalls spielt der Wettergott auch heute mit. Er muss uns Pilger wohl lieben, denn übers heimatliche Österreich zieht gerade eine grauenhafte Schlechtwetterfront, wie meine Wegbegleiter in elendslangen Telefonaten mit den daheimgebliebenen Liebsten eruieren konnten. Für die nächsten elf Tage bin ich ausnahmslos die Hauptperson, oder sollte ich sagen: der Haupthund? Ohne mich keine Fotos, ohne Fotos kein Buch. Eine Rolle, in der ich mich gerne sehe, eine Rolle, die ich schon mein Leben lang spiele.

Der Blick vom 767 Meter hohen Monte Busca ist beeindruckend. Zwei Stunden sind wir unterwegs, und die Grünschattierungen der Sträucher, Bäume und Blumen nehmen kein Ende. Die Grenzen zwischen Romagna und Toscana beginnen sich zu verwischen. Nur geografisch gesehen werden wir demnächst die Pforte zu einer der wichtigsten und schönsten Tourismusregionen Italiens durchschreiten. Gottlob auf einer Route, die nicht von Bussen und Tausenden Individualtouristen befahren wird. Niemand kreuzt unseren

Weg. Vorbei an einem kleinen Bauernhof, der als Nebenerwerbspension ausgebaut ist. In der Ferne eine Lichtung, die langgezogen bergab führt und uns direkt in die Arme eines völlig aufgelösten, deutschen Wanderers treibt. „Vorsicht mit dem Hund, dass er Ihnen nicht wegläuft!“ Warum sollte ich weg- und gar laufen? Immerhin sind wir seit Stunden unterwegs. Die Erklärung folgt sogleich: „Ich habe da oben an der Lichtung im Wald eine ganze Gruppe Wildschweine gesehen. Also Vorsicht, die sehen gefährlich aus!“ Ja, wir dürften uns wirklich der Toskana nähern. In den Gaststätten zwischen Firenze und Montepulciano wird es demnächst wieder Wildschwein in allen Variationen geben. *Cinghiale con funghi e polenta, Cinghiale alla Cacciatora*, etc., etc. Mich stört das nicht, etwas Wildschwein brächte schon Abwechslung in den Dosen- und Trockenfutteralltag. Der Hinweis auf die streunenden Wildschweine hatte mich nicht sonderlich beindruckt. Weit und breit war auch keine entsprechende Witterung aufzunehmen. Vielleicht ein Irrtum, oder der deutsche Touri hatte die eben passierten, sehr dunklen Kühe mit Wildschweinen verwechselt. Ein Stadtmensch eben. Doch dann, genau an der beschriebenen Stelle auf der Lichtung im Wald, machten wir eine tierische Entdeckung der anderen Art. Zwar soll es in dieser weitläufigen Region, die 1989 zum Nationalpark Foreste Casentinesi erklärt wurde, eine überreiche Fauna mit jeder Menge Hirsche, Hasen, sogar Wölfe und Wildschweine geben, aber plötzlich meinten wir, eine Vision vor Augen zu haben: Mit aufgeplustertem Gefieder und aufgeregtem Geschrei kam uns drohend eine ganze Straußengroßfamilie entgegen. Die entsprechende Farm mitten in der Einöde, damit hätte hier wohl niemand gerechnet. Auf Sensationsfotos mit den furchterregenden Laufvögeln haben wir verzichtet. Da schon eher die Gruppe von friedfertigen Eseln, die nebenan auf einer Koppel den Schatten der Bäume suchte. Nur von den besagten Wildschweinen weit und breit keine Spur.

Beinahe Halbzeit der heutigen Etappe. Zehn Kilometer haben wir hinter uns. Von der Anhöhe aus ist schon das Mittagsziel unten in einer Talsohle auszumachen. Wie eine Steinburg inmitten der grünen Wälder taucht das mittelalterliche Dörfchen Portico di Romagna auf. Vier gewaltige Wachtürme begrenzen die Befestigungsanlage, und der Palazzo Portinari, von dem erzählt wird, dass sich dort Beatrice Pontinari und Dante Alighieri äußerst innig begegnet seien, beherrscht das Ortsbild. Es ist Sonntag. Die kleinen, gepflasterten Gassen strahlen nicht nur Mittagswärme, sondern auch feiertägliche Ruhe und Beschaulichkeit aus. Der antike Geist längst vergangener Tage ist immer noch allgegenwärtig. Für meine Begleiter Zeit, eine Kleinigkeit zu sich zu nehmen. Ideales Timing, denn gerade hier soll sich laut Pilgerberichten eine Gaststätte befinden, die es besonders gut meint mit Gotteswanderern. Mitten im *centro storico* werden wir fündig. Al Vecchio Convento liegt direkt gegenüber dem antiken Rathaus neben einer Kirche, dem einstigen Konvent. Ristorante, Albergo und Sehenswürdigkeit zugleich – von Gastrokritikern mit drei Sternen prämiert. Teuer sieht's hier aus, exklusiv. Im schattigen Schanigarten vor dem Restaurant werden die Rucksäcke schnell ins Eck verbannt. Natürlich identifiziert man uns als Pilger unter all den feinen Gästen, die der exzellenten Küche wegen auch aus entfernteren Städten zum Sonntagsbrunch angereist sind. Neben uns braun gebrannte, gestylte Biker, vor dem Eingang eine ausgelassene Hochzeitsgesellschaft. Mein Herrchen wirft vorsichtig einen Blick in die in feines Leder gebundene Speisekarte. Ist wohl nichts für arme, enthaltsame Pilger? Seine Augen funkeln. Sollte man sich das karge Pilgerdasein nicht doch ab und zu etwas versüßen? Sich für die Strapazen der Wanderschaft ein klein wenig belohnen? Eine Frage, die sich augenblicklich erübrigte, denn schon stürmt die Chefin des Hauses auf uns zu. Signora Marisa Raggi wird ein geradezu fürsorglicher Umgang mit Pilgern nachgesagt. Euphorisch beginnt *la signora* uns zu begrüßen und mich zu streicheln. Wo wir herkommen, wie es uns gefalle und natürlich, was wir essen wollen, will sie wissen. „Qualcosa di semplice!", tönt es zurückhaltend aus Herrchens Mund. Etwas Einfaches, Pilgergerechtes eben, das unser Budget nicht überstrapaziert. Man muss ja nicht übertreiben. Nicht überall in Italien versteht man unter *qualcosa di semplice* einen riesigen, ersten Teller feinster Tagliatelle, über und über vollgeraspelt mit schwarzem Trüffel. In Wiener Szenerestaurants würde man dafür ein kleines Vermögen ablegen. *Insalata mista, Tagliata di Manzo* und eine Variation von *dolci* samt Espresso folgten. Der Preis entpuppte sich als seligmachendes Entgegenkommen für jede Pilgerbörse. Dem Vierbeiner ist das zwar wurscht, aber selbst für ganz normale Hunde hat man hier feinste Wassernäpfe aus robustem Porzellan und einen Teller mit den Albergo-Initialen bereitgestellt. Schmatz, da fühlt man sich selbst unter dem Tisch beinahe wie ein Mensch. Sehr edel.

Für mich gibt's vorerst einmal Dosenfutter. Noch haben wir ja welches. Die 18 Kilogramm, die mein Herrchen seit unserer Abreise in seinem Rucksack am Buckel mitträgt, bestehen nämlich auch aus meinem Futter. Zum geringsten Teil, sei angemerkt, also übergroßes Mitleid ist nicht angebracht. Insgesamt sechs Plastikdöschen zu je 400 Gramm für einen „Happy Dog", wie der Name meines wohlschmeckenden Lieblingsfutters verspricht. Mir schmeckt's, obwohl mich mein Herrchen, was meine Fressmanieren anlangt, als „Franzosen" bezeichnet. Was er damit meint: Ganz im Gegensatz zu anderen Hunden bin ich ein Genießer. Ich überlege sehr wohl, was, wann und wie lange ich fresse. Angeblich soll ich stundenlang um meinen Fressnapf herumschleichen und dabei immer wieder nur kleine Bissen zu mir nehmen. Andere Hunde, das musste ich schon zu oft in meinem eigenen Revier erleben, schlingen. Sie schlingen ohne Rücksicht auf die Geschmacksrichtung oder die Menge der Nahrung. Für mich ein Gräuel. Verabscheuungswürdig empfinde ich auch Trockenfutter. Das darin gedörrte Fleisch schmeckt nicht, es staubt. Ich bin doch kein Gourmand, sondern ein Gourmet. Dabei würde ich mich selbst nicht unbedingt als „Franzosen" bezeichnen, sondern vielmehr als das, was ich bin: ein Italiener mit gutem Geschmack. Vielleicht mag es aber auch daran liegen, dass meine frühen Jahre von Pasta in jeglicher Zubereitungsform geprägt waren. Teigwaren habe ich immer geliebt und liebe ich heute noch. Für Pasta überlasse ich selbst Fleisch gerne den anderen. Alles in Maßen. Mehr als ein 400-Gramm-Döschen am Tag empfinde ich als Verschwendung und unnötige Belastung. Ich bin ein bescheidener Hund.

Unser Vorrat reicht demnach für die ersten sechs Tage. Auch gut so, denn selbst hier im kleinen, aber gut sortierten Supermarkt von Portico hätten wir am Sonntag kein Glück. Für jeden Wanderer oder Pilger mit Hund sei daher empfohlen, eine gewisse Menge an Futtervorrat mitzuschleppen. 1800 Gramm bei einem Gesamtgewicht von 18.000 machen das Kraut oder im gegebenen Fall den Rucksack auch nicht mehr fetter. Es ist ja schließlich für des Menschen besten Freund.

Normalerweise wird am Abend gefressen; auf Wanderschaft gibt es schon mal eine Ausnahme, sogar was die Menge anlangt. Da darf es dann auch mal der Rest der Pasta sein. Herrchen erzählt immer, dass er mir gleichermaßen als Belohnung für vollbrachte Leistungen ab und an ein schönes Steak mitbringt. Falls er mein natürliches Talent als Fotomodell als außerordentliche Leistung definiert, muss ich abwinken. Kaufen lasse ich mich nicht. Ich habe es auch immer abgelehnt, wie andere Hunde für Frolic oder Hundestangerl Künststücke zu vollführen oder zu gehorchen. Entweder ich mache etwas oder ich mache es nicht. Entweder ich komme oder ich bleibe weg. Bezeichnend dafür ist auch eine Szene, die sich ganz am Anfang meiner Fotokarriere auf der Ponte Vecchio in Florenz zugetragen hat: Nur weil ich ein gutes Foto abgeliefert hatte, sollte ich als Belohnung mit einer fetten Mortadella gemästet werden. Nett gemeint, aber ich hasse Mortadella. Zu viel Gewürz, zu viele Pfefferkörner, zu fett – selbst für einen Italiener. Und ich hatte ja schon gefressen. So ist es eben, wenn ein Hund nicht um sein Fressen kämpfen muss. Wenn ich zwischendurch Appetit bekomme, hilft es auch, sich mit treuen Augen neben dem Tischfuß zu platzieren und zu „betteln", wie das mein Herrchen bezeichnet. Belohnungen bei der Arbeit nehme ich höchstens in Form von „Dentasticks" entgegen. Schmecken köstlich, und Herrchen glaubt, dass sie außerdem meiner Gesundheit und meinem allgemeinen Wohlbefinden förderlich sind.

Was Herrchen nicht erzählt oder schlicht und einfach versucht zu ignorieren, ist meine Vorliebe für Süßes und Mehlspeisen. Während andere Hunde in Pressbaum, wo Tonis Mutter wohnt, alle möglichen Essensreste direkt von der Straße wegschlingen, werde ich als gelegentlicher Urlaubsgast von Herrchens Mutter mit feinstem Kaiserschmarrn verwöhnt. Geschadet hat's noch nie, ist ja keine Schokolade, und auch fett bin ich nicht geworden, denn seit Jahren habe ich mich bei einer Schulterhöhe von 60 Zentimetern auf mein ideales Körpergewicht zwischen 20 und 22 Kilogramm eingependelt. Vielleicht deswegen, weil man eben auf das schaut, was man frisst.

Models dürfen nicht immer das vernaschen, wofür sie werben oder womit sie posieren. So passiert beim Shooting für das Buch *Pecorino in München*. Die bayerische Landeshauptstadt ohne Weißwürste-Motiv in einem Fotobuch – undenkbar! Im gemütlichen Augustiner-Restaurant haben die umstehenden Zaungäste ihren Augen kaum trauen wollen, als ich das Foto mit der köstlichen Weißwurst direkt im Maul mehrmals über mich ergehen ließ und das begehrte Wursthäutchen nicht ein einziges Mal verletzt habe. Oberstes Gebot: Arbeit ist Arbeit und Fressen ist Fressen. Auch wenn es mittags war und ich zuletzt am Vorabend gefressen hatte. Mein Job besteht eben zum Großteil aus Disziplin – ist ja bei menschlichen Models nicht viel anders. Viel schwieriger war da schon die Einstellung im Englischen Garten mit der befreundeten Hündin Jessie, die übrigens kurze Zeit später die Mutter meiner Hundekinder werden sollte. Ein Hunde-Picknick mit typisch bayerischer Brotzeit war angedacht. Jessie hatte den Großteil der gelieferten Weißwürste bereits verschlungen, bevor noch ein brauchbares Bild im Kasten war. Na ja, nicht jeder Hund ist ein Model.

Genug der Brotzeit und auch der Mittagsrast. Zwölf Kilometer wollen noch absolviert werden. Ein Erinnerungsbild mit Wirtin Marisa, ein Foto auf der Ponte della Maestà, eines mit einem Mops in den engen, mittelalterlichen Gassen, und Portico gehört der Vergangenheit an. Es geht weiter und es geht bergauf. Sehr steil bergauf. Dichter, urtümlicher Wald verdrängt die eben noch genossene Zivilisation. Der Wegweiser mit dem Tau zeigt die verbleibende Strecke nach Premilcuore mit 3,5 Stunden an. Der Wald wird dichter und dichter. Kaum ein Vorankommen. Lianen versperren den Weg. Es wird dunkler, das Dickicht beinahe undurchdringlich. Die Szenerie erinnert an den Regenwald des Amazonas – selbst, wenn man ihn nur von Bildern kennt. Genau in dieser Situation tauchen wie aus dem Nichts drei Gestalten auf. Unheimlich, der Ort strahlt die Atmosphäre eines verwunschenen Märchenwaldes aus. Da surren plötzlich schlimme Gedanken durch meinen Kopf. Visionen von einem Déjà vu. Eine Serie von grauenhaften Verbrechen, die sich vor einigen Jahren in einem ähnlichen Waldstück nahe Florenz – also gar nicht so weit von hier – ereignet hatte. Herrchen Toni war damals oft in der Toskana und hat die schauderhafte Ge-

Standhaft bleiben! Beim Fotoshooting im Augustiner Bräu in München

schichte immer und immer wieder im Kreise von Freunden erzählt bekommen. Als *mostro di Firenze*, also „Monster von Florenz", ist der sechzehnfache Mordfall nicht nur in die Annalen der italienischen Kriminalpolizei eingegangen. Sogar ein auf Polizeiprotokollen beruhender Bestseller ist daraus entstanden. Er schildert die brutalen Morde an insgesamt acht Liebespärchen in den wunderschönen Wäldern rund um Florenz. Zwischen 1985 und 1993 wurden diese Gräueltaten begangen. Ein Massenmörder. Ein Einzeltäter oder gar drei Täter? Die drei dunklen Gestalten kommen näher und näher. Man kann nichts erkennen, nur Umrisse im dumpfen Gegenlicht. Schauderhaft. *„Buon giorno, pellegrini!"* Entwarnung. Die drei unheimlichen Gestalten hatten sich bei näherer Betrachtung als lustige italienische Wanderer entpuppt. Mein albtraumhafter Ausflug in die Kriminalgeschichte der Toskana und meine Ängste waren mehr als fehl am Platz. Auch das schummrige Licht zwischen den Ästen und Lianen wurde ganz plötzlich wieder gleißender. Ein verwunschenes, aber geniales Foto im Märchenwald war die Quintessenz dieser schaurigen Situation. Auch ein Hund kann eben manchmal zum Angsthasen mutieren.

Es geht wieder bergab, ziemlich. Herrchen versucht mich zu schonen, denn allmählich kann auch ich nachvollziehen, was ein Muskelkater ist und wie er sich anfühlt. Katzen und Kater gehörten noch nie zu meinen besten Freunden. Meine rechte Hinterpfote beginnt mehr und mehr zu schmerzen. Herrchen merkt das natürlich und legt den Schongang ein. Premilcuore: zwei Kilometer. Allgemeines Aufatmen. Es war ein reichlich anstrengender Tag. Der Ort liegt etwas trist in einer Talsenke. Ein dunkler Ort zwischen den steilbewaldeten Hügeln. Ein alter Industrieort. Auf der asphaltierten Hauptstraße geht's ins Zentrum der lang gezogenen Ortschaft. Agroippoturismo Ridolla, unsere Herberge für diese eine Nacht, will nun gefunden werden. Kein leichtes Unterfangen. Zwei Passanten beschreiben den Weg. Etwas unterschiedlich, wie sich herausstellen sollte. Aus den angekündigten 800 Metern werden schließlich ganze drei Kilometer. Bergauf, außerhalb des Ortskerns liegt unsere Schlafstätte. Wir sind die einzigen Gäste. Unterkunft gewährt man uns in einem alten, zum „Ferienapartment" umgebauten Wohnmobil. Starr fixiert auf einem kleinen Hügel neben dem steinernen Rezeptionsgebäude, in dem auch ein kleines Restaurant untergebracht ist. Ein altes, mobiles Wohnheim, wie man es aus amerikanischen Filmen kennt. Unsere Begeisterung hält sich in Grenzen. Zu erschöpft sind meine Mitpilger nach den heutigen Strapazen, um ein neues Quartier zu suchen. Also beschließt man widerwillig, aber todmüde, nach einem eher spärlichen Abendmahl zu Bett zu gehen. Die Nacht ist kalt, und das Wasser in der engen Duschkabine könnte auch wärmer sein. Kurzum, das Leben als Luxuspilger dürfte vorerst vorbei sein. Man muss auch verzichten können. Vielleicht die erste große gottgewollte Prüfung auf unserem Pilgerweg.

Noch ein kurzer Blick aus den reichlich verschmutzten Trailerfenstern, und das Licht geht für uns aus in Premilcuore. Diesmal ist nicht Erholungs-, sondern schon eher Fluchtschlaf angesagt. Buona notte!

Dritte Etappe:
Premilcuore bis Corniolo 20 km

Der neue Tag beginnt, wie der alte geendet hat: reichlich kühl. Im Schatten der hohen Bäume am Waldesrand liegt glitzernde Feuchtigkeit auf der wildverwachsenen Wiese vor dem Übernachtungstrailer. Die Sonne startet um halb sieben ihre ersten Versuche, das enge Tal des Rabbi-Flusses zu erhellen. Erster Gedanke: Frühstück und nichts wie weg. Etwas verwunschen kommt uns dieses Fleckchen Erde vor. Passend, genau im richtigen Moment, kommt ein eigenartiges Fabelwesen direkt auf uns zu. „Sie tut nichts. Sie ist an Hunde gewöhnt“, tönt es vom nahen Ristorante. Als ob ich oder einer meiner Begleiter irgendwelche Bedenken hätten. Ein etwas suspektes Wesen, von der Statur kaum größer als ich, mit langem, weißem Fell schnaubt um die Ecke. Im Gegenlicht der nun grell einfallenden Sonnenstrahlen wird es von meinen Begleitern als „mystisches, letztes Einhorn“ identifiziert. Bei genauerem Hinblicken entpuppt es sich als ganz normales, zotteliges Shetlandpony. Nur weiß eben, rein weiß. Es ignoriert uns und schlendert äsend in Richtung Wald. Irgendwie der morbiden Situation und dem darauf folgenden Frühstück angepasst. Ich bekomme ein Stückchen Weißbrot. Nicht wesentlich üppiger ist der morgendliche Gabentisch für meine Kumpane gedeckt. Es gab schon reichlichere Buffets am Wegesrand. Nichts wie weg.

20 Kilometer haben wir uns für den heutigen Tag vorgenommen; besser gesagt: sind uns vorgegeben. Doch am

dritten Tag fällt die Aufwärmphase etwas schwerer. Die Bundesstraße 317 wird als wunderschöne Bergstraße angepriesen. Gut asphaltiert, aber sehr eng, wenn man zu dritt einige Kilometer auf der Bankette entlangwandern muss. Ab und zu ein Auto, Einheimische, die ins Nachbartal zur Arbeit fahren. Jetzt im Mai wirkt das Rabbi-Tal verschlafen. Im August, dem gefürchteten *Ferragosto*, wird es wimmeln von Süditalienern, Römern und auch stadtgestressten Mailändern. In Wohnwagenkolonnen kommen sie angefahren. Davon bekommen wir – Gott sei Dank – jetzt noch nichts mit. Unbeschadet und ohne Abgasvergiftung können wir so nach ein paar Kilometern in den Schatten spendenden Wald einbiegen. Der Boden ist von Moos bedeckt und feucht, obwohl es nicht geregnet hat. Ein Wetterbericht und Prognosen blieben uns für heute erspart in Ermangelung moderner Kommunikationsmedien in der letzten Herberge. „Es wird schön bleiben", hat die Wirtin versichert. Ihr Wort in Petrus' Ohr! Auch egal, wir müssen ohnehin gehen, bei jedem Wetter. Die Landschaft zieht etwas schleppend an uns vorbei. Der dritte Tag gilt ja allgemein als Pilgerprüfstein. Das kann man als Neopilger zumindest in unzähligen Reiseberichten nachlesen. Trotzdem stellt sich langsam, aber sicher eine gewisse Routine ein. Man geht um des Gehens willen. Bergauf. Wenig Abwechslung. Montemerli, Monte Fratta, Monte Gufone. Der „Monte" im Namen impliziert bereits die überwundenen Höhenmeter. Kein einziger Pilger kreuzt unseren Weg. Die Gespräche meiner Begleiter werden dünner in 1200 Metern ü.d.M., die Wegweiser des *cammino* spärlicher. Der Autor zieht es heute vor, sich motivierende Musik via iPod in die

Ohren zu dröhnen. Chillige Loungemusik zum eintönigen Trott durch den Wald. Von einem fremden Ort, weit, weit weg. Die Rede ist von Bangkok und dem noblen Hotel Mandarin Oriental. Die legendäre Fünf-Sterne-Herberge zählt zu den Lieblingshotels meines Schreibers. Ein Zufluchtsort der Ruhe und über die Jahrzehnte Zentrum der internationalen Literaturszene mit Autoren wie T. C. Boyle, James Joyce und William Somerset Maugham. Fakten, die in einer kurzen Verschnaufpause ausgetauscht werden. Dass ich das Traumhotel im Herzen der thailändischen Hauptstadt nie erblicken werde, ist mir hingegen ziemlich klar: Der Grund dafür ist die Flugangst meines lieben Herrchens. Die grenzenlose Freiheit über den Wolken ist mir somit seit zwölf Jahren ebenfalls verwehrt geblieben. Das Auto ist unser Fortbewegungsmittel. Kein Pecorino in Amerika, kein Pecorino in Afrika. Doch auch in Europa gibt es wunderbare Hotels, das steht nicht zur Diskussion. Ist man aber mit einem Hund auf Reisen, wird das Angebot schon etwas eingeschränkter. Etwas anders sieht es da aus, wenn der Hund Pecorino heißt. So durfte ich für unser Fotobuch *Pecorino in München* einen Tag lang im renommierten Hotel Bayerischer Hof logieren. In meiner Wahlheimatstadt Wien war natürlich der Fototermin im berühmten Hotel Sacher ein absolutes Highlight. Ob die Präsidentensuite Madame Butterfly oder die Zauberflöten-Suite, meinem Herrchen und mir blieb kein Luxuszimmer verschlossen. Auf 160 Quadratmetern kann man schon ganz gut Gassi gehen. Die Bettwäsche der pompösen Gründerzeit-Schlafstätten ist weicher und duftender als irgendwo sonst. Die Chefin des Hauses ist Hundeliebhaberin. Ihren störri-

Luxus-Herberge: Posieren in der Roten Bar des Hotel Sacher in Wien

schen Jack-Russell-Terrier Augustin habe ich zwar nicht zu Gesicht bekommen, aber seine Witterung konnte man von der Roten Bar bis in die Suiten aufnehmen.

Vom Luxusleben zurück auf den steinigen Pfad. Auch optisch ist die heutige Tagesetappe wenig abwechslungsreich. Kaum ein passendes, aufregendes und neues Fotomotiv. Einziger Lichtblick im Dunkel des dichten Unterholzes ist Giovanni. Giovanni ist Eigentürmer, Wirt, Koch und Entertainer unserer heutigen Schlafstätte Albergo & Pizzeria da Gigino. Kein Mitglied der Leading Hotels of the World, aber sauber und behaglich soll es sein, das Hotel im Herzen von Corniolo. Und ein Hundeliebhaber ist er, der Giovanni. Zumindest bei der telefonischen Reservierung muss sich der Gastronom vor Freundlichkeit und Vorfreude geradezu überschlagen haben. Natürlich hat mein Herrchen wieder die Geschichte des berühmten Fotohundes, der gebürtiger Italiener ist und den Gott und die Welt kennt, erzählt. Da ist sie auch schon, die Ortschaft vor der kurvenreichen Straße zum Calla-Pass. Letzte Bastion der Romagna unmittelbar an der Grenze zur Provinz Arezzo, die sich bereits in der Toskana befindet. Ein verträumtes Örtchen. Umso lauter und enthusiastischer dafür die Begrüßung durch Giovanni Amadori. Ein Napf mit Wasser steht bereit, italienische Hundeleckerli liegen gleich daneben, als hätte man den ganzen Tag nur auf uns gewartet. Dass sich mein Name vom italienischen Schafskäse ableitet, erheitert den schrulligen Gastronom. Dass in der italienischen *Gente*, die mein Herrchen flugs als Corpus Delicti meiner angekündigten Berühmtheit auf den Tisch legt, schon mehrere Storys über mich erschienen sind, beeindruckt ihn schwer. Ein Festmahl hätte er für uns höchstpersönlich zubereitet: Hammelfleisch und Polenta. Ich bekomme natürlich die Knochen. Meine Begleiter quälen sich durch den zähen Maisbrei, durchzogen von Hammelfett. Diesmal wirklich *qualcosa di semplice*. Der Tag neigt sich dem Ende. Im letzten Licht des Abends muss allerdings noch das Highlight der Albergo besichtigt werden. Giovanni schleppt uns durch einen völlig leeren, für den Gasthof viel zu groß geratenen Speisesaal. Durch eine Glastür betritt man das Allerheiligste: Bonsai-Bäumchen in allen Größen und in einer Artenvielfalt, die wirklich beeindruckend ist. Giovanni offenbart uns seine seit Jahrzehnten größte Passion, das Züchten von Minibäumchen. Man kommt sich richtig groß vor als Hund in diesem Wald von Zwergbäumen.

Zeit zum Ausruhen. In der Ferne, auf einer der höchsten Erhebungen, strahlt ein hell erleuchtetes Gipfelkreuz. Jede Nacht, das ganze Jahr über, wie uns gesagt wird. Wir nehmen es mit in den wohlverdienten Schlaf.

Vierte Etappe: Corniolo bis Badia Prataglia 32 km

Das Kreuz am Gipfel gegenüber leuchtet nicht mehr schemenhaft und gespenstisch, es strahlt jetzt glasklar und konkret im grellen Sonnenschein. Den Frühstückstisch teilen wir mit vier Schweizern, die mit ihren Motorrädern den Apennin durchqueren und auch bei Gigino übernachtet haben. Ich werde verwöhnt. Streicheleinheiten und Honigbrote von allen Seiten – das gefällt am frühen Morgen. Wirt Giovanni dürfte wohl über Nacht unzählige Kopien der fünfseitigen *Gente*-Story im Ort verteilt haben, denn einige Gaffer haben sich bereits eingefunden und starren den *cane sconosciuto* an. Der Botaniker Giovanni möchte uns am liebsten einen kleinen Bonsai mit auf den Weg geben. Wäre schade darum. Stattdessen steckt er uns und den Bikern ein Fläschchen bayerisches Weißbier zu. Für meine Begleiter eher Ballast, für die Biker Versuchung. Schnell wird noch ein Foto mit den Eidgenossen vor den monströsen Motorrädern geschossen. Drei von ihnen schwören übrigens seit Jahren auf oberösterreichische Qualität und pilotieren stolz eine KTM 990 Adventurer über die steilen Apenninpässe, während – wie könnte es auch anders sein – der italienischstämmige Marco nationalbewusst einer 1200er Ducati den Vorzug gibt. Noch ein Foto mit mir. Vor – nicht auf – der Maschine, und schon röhren die Motoren auf. *Grüazi* und *arrivederci*!

Auch wir machen uns auf den Weg. 7.30 Uhr ist eine ideale Zeit. Der Straße entlang. Kurvig ist sie. Enge Serpentinen, wie schon die Schweizer beim Frühstück angemerkt hatten. So kurvig waren sie noch kaum unterwegs auf ihren Touren im heimischen Alpenraum. Es geht ziemlich bergauf. Rechts das letzte Haus, eher eine kleine, verfallene Hütte am Straßenrand, und wir tauchen wieder ein ins satte Grün der bewaldeten Hügel.

Der Weg ist erträglich, die Steigung stetig. Nach guten Betten und einer erholsamen Nachtruhe sind wir bester Dinge. Vielleicht drei Stunden sind wir unterwegs, als wir den heutigen Höhepunkt erreichen, nicht an Höhenmetern, sondern aus ideellen Gründen: Passo della Calla. Hier ist ein Monument aus Felsgestein aufgebaut. Eine Gedenkstätte für Feuerwehrleute, die bei zahlreichen Waldbränden in dieser Gegend im Laufe der Jahre ihr Leben riskiert und auch verloren haben. Ein ideales Motiv für ein Fotoshooting. Drei bis vier Meter dürften sich diese bizarren, von Menschenhand aufgetürmten Granitblöcke schon in die Höhe recken. Ich soll ganz oben – gleichsam auf dem Gipfel der Skulptur – das wunderbare Panorama genießen und diesen Ausblick ebenso eindrucksvoll vermitteln. Für mein Herrchen kein leichtes Unterfangen, mich da hinaufzuhieven. Auch nicht ganz ungefährlich, ich bin doch keine Bergziege! Aber der Weitblick entschädigt für das eingegangene Risiko. Die Kamera klickt und klickt, und ich genieße einen doppelten Ausblick: einerseits in die Emilia Romagna, der wir nun Adieu sagen müssen, andererseits in die Toskana, die wir auf unserem Pilgerpfad für ein paar Tage durchqueren werden.

Noch ein Foto vor jenem Schild, welches das Ende der Commune Forli und den Beginn der Commune Arezzo markiert. Meine Vorderpfoten haben somit gerade die Grenze der Region Romagna zur Toskana überschritten.

Von wegen sanfte Hügellandschaft der Toskana. Von den 1296 Höhenmetern des Calla-Passes geht es nun noch weiter hinauf. Nächstes Ziel und nächste Rast: Passo Pocareccio auf über 1500 Metern Meereshöhe. Und es wird noch höher gehen, bis zum Poggio Scali. Von hier kann man an schönen Tagen die Weite der Emilia Romagna am besten begreifen; der Blick reicht bis zum Meer nach Rimini. Beeindruckend. Wohl auch deswegen hat diese Region in den vergangenen Jahren bei Wanderern und Trekking-Fans zunehmend an Beliebtheit gewonnen, geradezu einen Touristen-Boom erfahren. Ein sanfter, ökologischer Tourismus im Gegensatz zu anderen, höheren Alpenregionen. Sind es die strengen Gesetze der umliegenden Nationalparks oder der Geist des heiligen Franziskus, des ersten Grünen der Geschichte? Ein Naturparadies.

Obwohl am Himmel kein Wölkchen zu sehen ist, hat sich der heftige Wind mittlerweile zum veritablen Sturm entwickelt. Die Bäume rauschen beängstigend. Meine Ohren wehen, als ich auf einem schmalen Grat für ein Foto posiere. Zwar stehe ich auf toskanischem Boden, aber hinter mir das ganze Panorama der Emilia Romagna. Und direkt unter mir eine Felswand, ein brutaler Abgrund, der gute 500 Meter kerzengerade abstürzt. Leichte Nervosität lässt sich beim offensichtlich nicht ganz schwindelfreien Autor ausmachen. „Pass auf, dass der Hund nicht hinuntergeweht wird!", tönt es forsch, aber doch etwas ängstlich aus sicherer Entfernung zu uns herüber. Ist es wirklich die Sorge um mich oder doch eher um das Zustandekommen dieser Geschichte? Egal wie man es betrachtet, ha, da steh ich nun wieder in meiner Lieblingsposition, dem Mittelpunkt.

Trotz der vielen überwundenen Höhenmeter scheinen wir heute einen regelrechten Höhenflug zu haben, zumindest was die Kilometerleistung anlangt. Keine Blase, kein verstauchter Knöchel und weder Hunger noch Durst können unseren Vorwärtsdrang bremsen. Die Herren sind motiviert und unerbittlich. Mich fragt ja keiner. Nur noch ein halber Kilometer bis zur berühmten Einsiedelei, dem Eremo di Camaldoli. Steil bergab, schluchtartig stürzt der Weg hin auf eine Lichtung, wo die Einsiedelei liegt. Hier hat Franz von Assisi einst immer wieder inne gehalten. Hier leben heute noch Eremiten und Mönche wie vor Hunderten von Jahren. „Rispettate questi luoghi di silenzio e preghiera", steht auf alten Holztafeln an den Steinmauern rund um den befestigten Rückzugsort geschrieben. Es herrscht absolute, ja mystische Stille. Wir nähern uns der Eremitage von der Rückseite. Ein ganz anderes Bild bietet sich da beim Haupteingang der Franziskuspilgerstätte. Direkt vor der noch verschlossenen Pforte parken unzählige Autos. Biker suchen auf der Schattenseite der Mauern Zuflucht. Der kunstvolle Brunnen neben der Hauptpforte ist von Wanderern und Pilgern bevölkert. Wasserflaschen werden aufgefüllt. Wortfetzen in den verschiedensten Sprachen. Alle warten sie auf die Öffnung der Pforte zur Eremitage. Es ist kurz nach zwei Uhr. Die Sonne brennt auf den asphaltierten Platz. Gegenüber, im

Schatten der Bäume zwischen stinkenden Motorrädern und lärmenden Touristen, finden wir ein Fleckchen zum Ausruhen. Die Rucksäcke fliegen geradezu auf den Boden. Ich will nur trinken und schlafen, die Reihenfolge scheint mir schon einerlei. Toni tankt ebenfalls seine Wasserflaschen am Brunnen auf. Ich bekomme endlich das ersehnte Nass. Im Dämmerschlaf höre ich noch, dass die Tore um drei Uhr geöffnet werden. Eine Dreiviertelstunde ausruhen. Wie fein.

Ich werde bewundert von einem deutschen Bikerpärchen aus Garmisch, das den Weg vom Dorf Camaldoli heraufgeradelt ist. Eine japanische Touristin findet mich süß und beginnt mich in den Schlaf zu streicheln. Angenehm und erholsam ist es hier im Schatten. Neben dem Eingang befindet sich die berühmte Apotheke der Einsiedelei. Ausschließlich Naturprodukte und Homöopathisches, erzeugt nach jahrhundertealten Rezepturen, werden hier angeboten. Abgesehen von den Blasenpflastern und Stützverbänden für ramponierte Pilger, versteht sich. Camaldoli ist eine der ältesten Einsiedeleien Europas, gegründet von San Romualdo in den frühen Jahren des 11. Jahrhunderts. Kaum etwas hat sich verändert seit damals. Immer noch vertiefen sich hier die Mönche und Nonnen nach den alten Ritualen ins Gebet, ziehen sich zurück in die Stille der Klosterkirche und der primitiven Steinhütten. Nur jeden Tag gegen 15 Uhr wird es etwas lauter am geweihten Ort. Die Kameras klicken, und jeder einzelne der Pilgertouristen versucht, das beste Motiv von den scheuen Einsiedlern zu bekommen.

Ein Schauspiel, das mir entgehen sollte. Denn direkt beim Eingang zur sakralen Attraktion prangt auf einem roten

Postkasten das Verbotsschild *„Noi, non possiamo entrare!"* mit dem Konterfei eines neutralen, hechelnden Hundes. Das kann doch nicht ganz im Sinne des heiligen Franz gewesen sein. Egal, wir respektieren das Anliegen der religiösen Gemeinschaft, bevor noch ein Mönch das Verbot gottesfürchtig exekutiert.

Also Plan zwei: ab in den Brunnen vor dem Tore. Für mich eine willkommene Abkühlung, für Herrchen ein wunderbares Motiv. Camaldoli ist digital festgehalten. Das war's mit dem Eremo. Weil die Enttäuschung über das verhängte Hundeverbot und somit entgangene Innenaufnahmen groß ist und die Restenergie meiner Kumpane aus mir unerklärlichen Gründen noch größer, beschließen wir, die Reise fortzusetzen, weit über den heutigen Zielpunkt hinaus. Das Dorf Camaldoli lassen wir rechts liegen. Nur noch acht Kilometer sind es, und schon hätten wir beinahe die halbe Etappe des nächsten Tages hinter uns. Das sollte einen Versuch wert sein. Gegen 17.30 Uhr erreichen wir schließlich das kleine Örtchen. Zwei Kirchen, ein paar Hotels und Gaststätten, reges Treiben im Eissalon und in den Bars. Ein Quartier haben wir an dem außerplanmäßigen Etappenende natürlich noch keines gebucht. „Bella Vista" leuchtet uns ein Hotelschild in der späten Nachmittagssonne entgegen. Ein riesiger Kasten, eine Hotelburg aus längst vergangenen Tagen. Vor dem Eingang ein verspielter Springbrunnen mit Wasser speienden, kitschigen Engelchen und süßen kleinen Putti. In der Lobby düsteres Licht, schwere, vergilbte Damastvorhänge und keine Menschenseele. Wir sind müde und hungrig. Sehr hungrig. Endlich, ein menschliches Wesen nähert sich schleppend aus einem schlauchartigen Gang. Zwei Zimmer und der Hund geht okay. Keine Selbstverständlichkeit. Wir checken ein. Kurzes Entspannen, die Wegbegleiter regenerieren sich mit einem belebenden Duschbad. Ich bekomme mein Fressen und schlafe ein Viertelstündchen – diesmal unerlaubt auf dem zweiten Bett in Herrchens Zimmer.

Obwohl neben dem Begriff „Pensione" auch noch „Ristorante" wohl auf eine Gastwirtschaft hinweisen soll, gibt es hier nichts zu essen. Nicht um diese Jahreszeit. Keine Chance. Rein in die Wanderschuhe und raus aus dem Ristorante ohne Koch, dafür aber mit zwei Sternen und der gut gemeinten Bezeichnung „superiore". Wieder wandern wir einmal, ohne Rucksäcke, dafür aber mit leerem Magen. Die Hauptstraße entlang, vorbei an zwei Bars, dem Forstmuseum und der Informationszentrale des Naturparks. Kurz vor dem Ortsende in der allerletzten Kurve sticht uns ein Gasthaus ins Auge: La Foresta – wie sollte es auch anders sein inmitten der Wälder? Der urige Speisesaal ist schon gut gefüllt, die Karte voll von regionalen Köstlichkeiten: *specialitá funghi e tartufi*. Die Augen meiner Begleiter glänzen, eine Flasche Wein und das Essen sind schnell bestellt. Für mich gibt es wieder den obligaten Wassernapf, mein Fresschen habe ich ja schon auf dem Zimmer bekommen. Da schrillt plötzlich Herrchens Handy in die gemütliche und friedvolle Stimmung hinein. Eine italienische Telefonnummer. Haben wir bei Giovanni etwas vergessen? Oder ist es Don Alfeo, der mir nun auf Weisung des Vatikans doch den Pilgerpass aberkennen muss? Nein, es ist Pilgerschatten Moreno. Wo wir denn seien, möchte der Physiopraktiker mit den schnellen Beinen wissen. Er habe bei einem Gespräch hier in Badia Prataglia erfahren, dass zwei müde Pilger mit Hund durchgezogen seien. Ah, ich habe schon wieder Aufsehen erregt. Kurzum, nach dem Hinweis, dass wir eben hier in Badia im La Foresta sitzen, meinte er nur: „Ich komme nach unten. Ich wohne hier!" Und, da war er wieder, der verloren geglaubte Mitpilger. Wir hatten ihn durch unsere außertourliche, halbe Tagesetappe eingeholt. Fit sieht er aus, und ganz nebenbei erzählt er uns von dem Komfort in diesem wunderbaren Hotel. Geräumige, großzügige Zimmer, eine Sauna und ein unschlagbarer Preis. Schön für Moreno, wir halten uns an die *Bella vista*.

Gegenseitige Schilderungen der vergangenen Tage werden abrupt unterbrochen, als sich vom Nebentisch eine Stimme in akzentfreiem Kärntnerisch meldet: „Entschuldigen Sie, Ihr Hund sieht genauso aus wie der Pecorino." Man hat mich erkannt. Man kennt meinen Namen, ich habe selbst hier, fern der Heimat, Bewunderer! „Das *ist* der Pecorino", bekräftigt Herrchen. Es stellt sich heraus, dass das Ehepaar Brenner aus Klagenfurt mich nicht nur kennt, sondern auch Bücher von mir zu Hause hat. Echte Fans eben. Der Abend ist gerettet. Der Smalltalk weitet sich über zwei Tische aus, und so werde ich auch noch dem holländischen Ehepaar, das mit den Kärntnern bis Rom pilgern will, als Österreichs berühmtester Hund vorgestellt. Natürlich will man diesen Zufall auf einem Foto festhalten – also Pose. Mein Fotograf knipst die Fotografierenden, sie knipsen mich, die restlichen Gäste staunen über das plötzliche Blitzlichtgewitter, und Moreno hat nun die finale Bestätigung, dass ich ein echter Promi bin.

Der Smalltalk geht weiter, noch eine Flasche Wein wird geköpft. Ich darf nun zufrieden unter dem Tisch schlafen. Es ist weit nach 23 Uhr. Man verabschiedet sich mit dem Pilgergruß „pax et bonum“ und der sehnsuchtsvollen Erwartung auf diese Geschichte, von der man ja jetzt ein Teil ist. Moreno begibt sich in seine Luxussuite einen Stock höher. Er will am nächsten Tag nämlich schon vor sechs Uhr starten. Wir pilgern zurück in unsere Herberge mit dem verheißungsvollen Namen. Die 32 Etappenkilometer und der Rotwein machen sich bei meinen Wandergenossen bemerkbar. Trotzdem, morgen steht eines der Highlights dieses Weges auf dem Programm: das Felsenkloster La Verna.

Fünfte Etappe:
Badia Prataglia bis Chiusi della Verna 21 km

Es ist spät am Morgen. Wir sind müde, sehr müde. Meine linke Hinterpfote hat sich leicht wund gelaufen, trotz der dicken Hirschtalgschicht, die mir über Nacht verpasst wurde. 32 Kilometer en suite waren wohl doch etwas zu gut gemeint. Kein Trost, aber es geht nicht nur mir so. Die gestrige halbe Tagesetappe, die wir als Vorsprung erlaufen haben, wird uns nun zum Verhängnis. Ausgerechnet heute auf dieser wichtigen Etappe nach La Verna. Elf Kilometer bis zur zweiten Hälfte der fünften Etappe, Biforco, hätten wir vor uns. Dann weitere acht Kilometer bis zum Felsenkloster La Verna. Wir sollten ausgeruht sein und ich frisch für das Shooting im Kloster. Unter diesen Umständen ein Ding der Unmöglichkeit, reines Wunschdenken. Da ändert auch das prachtvolle Wetter nichts dran. Plan B muss her.

Das karge Frühstück hat wohl nicht genügend Inspiration gebracht. Eine Bar am Weg ins Zentrum der Ortschaft scheint da schon idealer zur Lösungsfindung. Bei Espresso, *spremuta d'arancia* und einem *cornetto* besinnt sich meine Herrschaft plötzlich auf den guten alten Hape. Nicht nur sein millionenfach verkauftes Jakobsweg-Buch ist in gewisser Weise Vorbild für uns, nein, auch sein lockeres Verhältnis zur Pilgerei. Mag vielleicht Zufall sein, aber genau um den fünften Tag hat auch der erschöpfte Hans Peter Kerkeling den ordinären Autobus seinen Wanderschuhen vorgezogen. Allerdings hat der

Komiker gleich drei Tagesetappen auf einen Streich übersprungen. Die Bushaltestelle in Badia liegt zufällig direkt im Blickfeld unserer Bar. Die Qual des Abwägens beginnt: Müssen wir nun ein schlechtes Gewissen haben? Verstoßen wir gegen jegliche Pilgerethik? Wird es uns der liebe Gott verzeihen? Gepilgert ist der Franziskusweg, wenn am Ende des Tages der Stempel in den Pilgerpass geknallt wird. Es ist einzig und allein das Gewissen, das einen in die Pflicht nimmt. Während ich hier noch sinniere und meine wunde Pfote lecke, hat Toni längst die Abfahrtszeiten nach La Verna recherchiert. So gegen 11 Uhr geht der nächste Bus. Eine gute halbe Stunde würde die Fahrt zum Felsenkloster dauern. Ganz konkrete Angaben kann und darf man nicht erwarten, wir befinden uns schließlich in Italien. Kein Gedanke mehr an unseren Verrat, es bleibt uns noch eine halbe Stunde bis zur Abreise. Die will genützt sein. Noch ein Schluck Wasser und los geht's mit ein paar Erinnerungsfotos. Auf einer brüchigen Mauer, vor einer Verkehrstafel, wartend an der Busstation.

Fast „auf die Minute" – um 11.20 Uhr – ist er da, der große, blaue Autobus. Zwei Erwachsene, ein Hund. 1,20 Euro kostet die *corsa semplice* für die 18 Kilometer. Pro Person, der Hund darf gratis mitfahren. Da könnten sich unsere Verkehrsbetriebe etwas abschauen. So behandelt man des Menschen besten Freund!

Platz ist genug im 30-sitzigen, blauen Monstrum. Wir sind die einzigen Fahrgäste. Ich verziehe mich gleich mal in der zweiten Reihe unter die Sitzbank und möchte schlafen. Mein Herrchen quält aber gerade in diesem Moment ein mehrfaches Déjà-vu-Erlebnis aus meiner Jugend. „Pecorino, *siedeti*!" Platz! Nicht liegen und schon gar nicht schlafen. Der Grund: Als Welpe und auch als Junghund habe ich auf so mancher Fahrt mit dem Bus denselbigen vollgekotzt. Dabei bin ich diesmal nur müde.

Der Buschauffeur ist gebürtiger Neapolitaner und sehr gesprächig. Besser ein eintöniger Job im Norden als gar keiner im Süden. Er liebt Landschaft, Leute und die saubere Luft hier in der Toskana. Seit 20 Jahren fährt er auf dieser Strecke und dementsprechend auch in die unübersichtlichen, endlosen Kurven ohne Rücksicht auf Verluste und unsere Magennerven. Nein, mir wird nicht schlecht. Nach 40 Minuten und der gesamten Lebensgeschichte des Neapolitaners haben wir sie erreicht, diese letzte Kurve, in der eine kleine Straße direkt zum Kloster abbiegt. Endstation für unseren spannenden Bustrip. Rucksäcke umgeschnallt, noch ein Schälchen Wasser, und wir laufen wieder – auf einer steingepflasterten, alten Straße auf das Felsenkloster zu.

Meiner Pfote hat das Autobus-Pilgern gut getan, unserer Stimmung auch. Traumhaftes Mittagslicht. Die Straße wird zur engen Gasse. Links an der Hauswand in einer Mauernische ein grelles, altes Mosaik: Aus bunten Keramikscherben ist Franz von Assisi in Lebensgröße abgebildet. Den Blick zum Himmel gerichtet, wo in leuchtenden, satten Gelb- und Orangetönen die Sonne strahlt. Es soll wohl die Szene seines berühmten „Sonnengesanges" stilisieren. Natürlich muss hier ein Foto geschossen werden. Verstohlene Blicke meiner Begleiter ... Sie sind sich nicht ganz sicher, ob wir uns nicht auch schon auf dem berühmten Kreuzweg von La Verna befinden. Ein Hund vor dem Bildnis eines Heiligen und das in La Verna, das könnte so mancher als blasphemisch auffassen. Schon stehe ich oben auf dem Mauersims unter dem Mosaik. Das plastische Bildnis gewinnt noch an Leben, ich bin ein Teil davon, verschmelze mit dem Schutzheiligen der Tiere. Plötzlich biegt ein kläffendes Etwas ums Eck, Terriermischling. Da kann Frauchen oder Herrchen nicht weit sein. Das Foto ist schnell im Kasten und ich wieder auf Gassenniveau.

Durch einen dichten Buchen- und Birkenhain wandern wir auf holprigem Kopfsteinpflaster bergauf. Links und rechts die alte Mauer, teilweise verfallen, andernorts in Renovierung begriffen. Es ist ruhig. Und dann, zwischen den Bäumen, taucht er auf, der alles überrragende Felspfeiler, auf dem wie hineingemeißelt das mächtige Kloster thront. Beinahe wie ein griechisches Felsenkloster gleich dem Berg Athos mutet das Bauwerk hier mitten in der Toskana an. Es ragt empor aus den satten grünen Wiesen. Es dominiert den bewaldeten steilen Hang hinauf zum Gipfel des Monte Penna. Landschaft und Zeit sind hier stehen geblieben. Das Szenario hat sich wohl kaum verändert seit den letzten 800 Jahren, jener Zeit, als Franziskus sich hier von dem weltlichen Leben zurückzog und die ursprünglich kleine Einsiedelei gründete. Rauf auf die brüchige Mauer. Pecorino im Vordergrund, La Verna als bombastische Kulisse im Hintergrund.

La Verna wird immer schon als heiligster und zugleich rätselhaftester Ort der Franziskaner beschrieben. Dort drüben auf der Wiese könnte es gewesen sein, dass der Wandermönch im Kreise seiner verwunderten Mitbrüder seine legendäre Vogelpredigt gehalten hat. Franziskus hat sich wohl als erster Mensch öffentlich mit Naturschutz und grünem Gedankengut beschäftigt. Seither ist er unser Schutzheiliger, der Schutzheilige aller Tiere. Er war ein kluger, weiser Mann und fest davon überzeugt, dass nicht nur der Mensch, sondern auch Pflanzen, Vögel, Hunde und alle Tiere beseelt sind. Wie Recht er doch hatte.

Man ist Franziskus, seinem Gedankengut und der Natur hier etwas näher – nicht nur aus der Hundeperspektive. Das fällt mir auch auf, wenn ich die Gesichter meiner beiden Mitpilger betrachte. Ihr Ausdruck wechselt zwischen Begeisterung über den beeindruckenden Ausblick und stillem Staunen über die Mystik des Ortes. Beinahe andächtig wandern wir weiter über den steilen, gepflasterten Pfad bergauf zur Klosterpforte. Geschätzte 25 Prozent dürfte die Steigung betragen. Die Sonne brennt durch die dichten Baumwipfel, der Schweiß tropft von den Menschenstirnen, meine Zunge wird lang und länger. Noch eine Biegung und gute 100 Meter, und wir haben es geschafft. Genau in diesem Moment tönt es wieder sehr kärntnerisch um die Kurve: „Da Pecorino!“ Ja, meine Klagenfurter Fans aus dem Ristorante sind ebenfalls gerade beim Erklimmen des heiligen Berges. Kurzes Verschnaufen, ein Foto am steilen Weg und weiter geht's.

Es ist merklich kühler hier oben, zumindest auf der Schattenseite. Groß ist die Freude über die gelungene Kletterpartie. Ebenso groß die Enttäuschung über ein unübersehbares Schild direkt vor dem Haupttor: In der Art eines riesigen Comics und somit in jeder Sprache und für jeden Intellekt leicht verständlich wird darauf hingewiesen, dass weder kurze Röcke noch Zigaretten, Handys, Kopfhörer und natürlich auch keine Hunde in der *zona sacra* erlaubt seien. Die eben noch andächtige Miene meines Herrchens mutiert in Sekundenschnelle zur enttäuschten, zornigen Fratze. Das kann nicht sein! Pecorino auf dem Franziskusweg und kein Foto im Heiligtum von La Verna! Der Zulauf an Pilgern und Touristen wird stärker. Ich werde neben dem Tor fixiert, sprich: mit der Hundeleine angebunden. Herrchen versucht einen Verantwortlichen für diese missliche Lage zu finden. Drinnen hört man die Gesänge der Mönche. Über allem beginnen gerade die Glocken der Basilika zu dröhnen, die am Hauptplatz emporragt. Da kommt mir die Erinnerung an ein Shooting auf Capri. Ebenfalls in einer Kirche. Ich auf dem weltberühmten Mosaik des „irdischen Paradieses" – gar kein Problem. Eine kleine milde Gabe für das gelungene Motiv hat den Diener des Herrn noch sanfter gestimmt. Immerhin waren es mehrere Tausender, damals allerdings noch Lire. Selbst mit pekuniärer Bestechung führt hier und heute bei den Mönchen von La Verna kein Weg ins Innere der geheiligten Stätte. Zeit für ein Nickerchen im Schatten.

Eine Gruppe amerikanischer Buspilger hat mich entdeckt. Es entsteht ein regelrechter Stau bei der engen Holzpforte. Jeder will mich streicheln. „How cute!" Ich darf nicht hinein. Da kommt Toni zurück, seine Gesichtszüge sind nicht wesentlich freundlicher. Die Mönche seien gerade in Vorbereitung ihres Stundengebets samt anschließender Prozession durch das Klosterareal. Ein Highlight für jeden Pilger. Ohne uns, denn an dem heiligen Ort sind Hunde unerwünscht. Im

Exklusiv: Ein außergewöhnlicher Hund darf auch an außergewöhnlichen Locations fotografieren. Hier am Kirchen-Mosaikboden von San Michele in Anacapri.

Anschluss an die Messe wird ein Padre zu uns kommen. Der Abt hat ein kurzes Fotoshooting mit einem Mönch genehmigt, allerdings außerhalb der Klostermauern.

Wachablöse. Toni übernimmt die Aufsicht über mich, der Autor begibt sich ins Kloster. Er will sich jene Plätze, an denen San Francesco gelebt, gelitten und gebetet hat, nicht entgehen lassen. Wie viele überlieferte Ereignisse, Mythen und Legenden haben sich nicht zwischen diesen Felsen und hinter diesen Mauern ereignet. Die Höhle, in die sich Franz wochenlang auf nacktem Stein zum Beten und Fasten zurückgezogen hat. Der Sasso Spicco, an dem er sich in Liebe und Ehrfurcht zu Gott gegeißelt hat, und schließlich die Capella delle Stimmate. Hier soll dem Heiligen am 17. September 1224 ein Seraph, ein Engel mit sechs Flügeln, erschienen sein. Hier soll sich die Stigmatisierung ereignet haben. Es ist die heiligste Stätte der Franziskaner, an der Bruder Leo ihn blutüberströmt und gezeichnet mit den Wundmalen Christi gefunden hat. War es übersinnliches Geschehen oder Selbstzerstückelung im Trancezustand der wochenlangen Enthaltsamkeit? Der Ort strahlt jedenfalls spürbar den Geist des Heiligen aus. Sogar noch hier vor dem Hauptportal. Da stellt sich selbst mir die Sinnfrage. Kann ein Hund auch in den Himmel kommen? Gibt es vielleicht einen eigenen Hundehimmel? Werde ich mein Herrchen und den Autor dereinst wiedersehen?

Da holt mich in einer Sekunde die Realität wieder ein, das Hier und Jetzt. Es bahnt sich ein ganz reales Wiedersehen an, und zwar mit Moreno, unserem Pilgerschatten. Eben biegt er um die letzte Kurve des steinigen Weges. Völlig außer Atem ringt er nach Luft und einer Erklärung. Nein, es kann nicht sein, dass wir ihn einge- und überholt haben. Bevor den ehrgeizigen Mitpilger die totale Sinnkrise befällt, beruhigt ihn Toni und erzählt von der wunden Pfote und der Busfahrt. Erst jetzt beginnt mich Moreno liebevoll zu streicheln.

„Signor Toni?", wird Herrchen von einem sehr jungen in Kutte gewandeten Franziskanermönch angesprochen. Es ist Padre Lorenzo, das vom Abt versprochene Fotomodell. Nochmals bedauert er, dass dem Hund – also mir – kein Einlass gewährt wird. Die Vorschriften. Beim gemeinsamen Foto fällt mir auf, dass der Ordensbruder wohl noch nicht sehr oft Kontakt zu Hunden gehabt hat. Er wirkt leicht nervös, und seine feingliedrigen Hände schwitzen etwas, als sie mir durchs Fell streichen. Vielleicht hat er ja auch im Innersten erkannt, dass das Hundeverbot nicht ganz den Vorstellungen seines Ordensgründers entsprechen kann.

Egal, das Foto mit Fra Lorenzo ist im Kasten, der Autor ist auch wieder von seiner spirituellen Exkursion zurück, und wir können den Abstieg vom heiligen Berg beginnen. Über uns der mächtige Monte Penna mit dem Felsenkloster, talwärts die 3000 Einwohner zählende Ortschaft Chiusi della Verna. La Forestiera, eine sehr komfortable Pilgerherberge im Fels direkt neben dem Kloster, ist restlos ausgebucht. Schade. Und die einfachen Pilgerunterkünfte innerhalb der Klostermauern kommen für uns ohnehin nicht in Frage. Moreno muss sich über solche profanen Dinge keine Gedanken mehr machen. Für ihn ist die Pilgerreise in La Verna zu Ende. Er wird die Nacht schon bei seiner Familie in Piacenza verbringen. Ein letztes Foto, ein letztes, intensives Streicheln und die herzliche Verabschiedung von meinen Begleitern. „Ciao amici! Pax et bonum!“ Wir müssen nun wirklich im Dorf eine Bleibe für die Nacht finden.

Eine Herausforderung, wie sich zeigen sollte. Denn während oben am heiligen Ort Pilger und Tagestouristen für reges Treiben sorgten, herrscht hier, im zwei Kilometer entfernten Chiusi, Totenstille. Es ist eben noch nicht Sommer. Laut Touristenführer gibt es einige schöne Hotels und Pensionen. Laut unserer eben gemachten Erfahrung haben die Unterkünfte erst ab Ende Mai geöffnet. Direkt an der Straßenkreuzung Arezzo/Bibiena werden wir doch noch fündig. Da steht er, der riesige Steinklotz aus dem vorigen Jahrtausend, unser Hotel. Just in diesem Moment befällt uns ein grauenhaftes Déjà vu, als wir den Namen der *pensione* erblicken: Bella Vista. Schlimmer kann es nicht kommen, oder? Doch diesmal hat Franziskus oder irgendein anderer Heiliger für uns gebetet. Zwei schöne Zimmer, warmes, ausgezeichnetes Essen und angenehme Betten garantieren mir und meinen Begleitern nach einem ereignisreichen Tag die verdiente, erholsame Nachtruhe.

Sechste Etappe: Chiusi della Verna bis Caprese Michelangelo 21 km

Dass Bella Vista nicht gleich Bella Vista ist und Hotelsterne manchmal nur der Fantasie wilder Gastrokritiker entspringen, können meine Mitpilger beim heutigen Frühstück wohl am besten beurteilen. Meinen Pfoten geht es blendend, und wir machen uns gut gelaunt auf den Weg. Die Einsiedelei Casella und natürlich das Etappenziel Caprese mit dem klingenden Beinamen Michelangelo sind die Highlights des heutigen Tages. Weltweit ist Caprese zwar eher für den köstlichen *primo piatto* aus Frischweichkäse, Tomaten, Basilikum und Olivenöl, unter Gourmets als „Mozzarella con pomodoro" oder eben „Insalata Caprese" bekannt, aber man sollte auch wissen, dass Michelangelo Buonarroti hier gelebt und gewirkt hat.

Zunächst aber machen wir eine ganz andere Entdeckung. Chiusi della Verna wird mit jedem Schritt schöner und reizvoller, je weiter wir von unserem Hotel bergab ins mittelalterliche Zentrum wandern. Eine kleine romanische Kapelle, die befestigten Stadtmauern und direkt in der Kurve der Via Michelangelo ein pompöser, steinerner Brunnen, die Fontana Campari. Schon stehe ich an seinem Rand, und die Kamera klickt. „Campari ora Campari" steht in Granit gemeißelt. Antik sieht er aus, der Brunnen, aus dem reinstes Gebirgswasser fließt. Dabei ist sie relativ neu, die raffinierte Werbeskulptur für den berühmten italienischen Aperitif, der seit dem Jahr 1860 mit Orangensaft und Soda serviert wird. Davide Campari, Sohn von Firmengründer Gaspare und Marketinggenie, hatte 1936 den Art-Déco-Bildhauer Giuseppe Grencho beauftragt, in Form von stilisierten Zeitungsinseraten insgesamt zwölf Brunnen zu entwerfen. Steinernes Product-Placement mit dem Charakter politischer Propaganda der Mussolini-Ära inmitten antiker Architektur.

Das Pilgerdasein hat uns wieder, die Straßen werden zu engen Feldwegen, und die Steigung nimmt zu. Links und rechts kleine Höfe. Harmonisch und friedlich, wäre da nicht in regelmäßigen Abständen dieses ohrenbetäubende Gebell. Ja, nicht jeder meiner Artgenossen darf so ein Hundeleben führen wie ich. Unzählige Hundezwinger liegen am Wegesrand. Brüder und Schwestern, *cani di caccia*, die nur in Zeiten der Jagd aus den engen Gitterkäfigen oder von den Ketten befreit werden. Arme Schweine, diese Hunde. Wie hab ich's doch gut! Da nimmt man gerne eine 300-Kilometer-Pilgerreise, das ständige Klicken der Kamera und den späteren Ruhm auf sich. Eigentlich bin ich ein glücklicher Hund.

Es ist schwül. Die Hochebene vor dem Monte Foresto bietet einen grandiosen Panoramablick auf die Hügelwelt rund um Chiusi und lässt das in der Nähe so mächtige Felsenkloster La Verna aus der Ferne zum Puppenhaus mutieren. „Buon giorno!", tönt plötzlich aus dem Nichts der mit latschenähnlichem Gestrüpp bewachsenen riesigen Lichtung eine Stimme. Ein älterer Herr durchsucht die karge Vegetation mit einem Stock. *Funghi*! Ja, auch um diese Jahreszeit wachsen hier Pilze. Diesmal gibt es kein Foto. Zu unspektakulär. Aber es ist ja nicht mehr weit zur nächsten Einsiedelei.

Trotz einer Höhe von 1200 Metern ü.d.M. hat es gefühlte 35 Grad. Die atmungsaktiven, hochprofessionellen Microfaser-Wander-T-Shirts meiner Begleiter haben sich längst schweißdunkel verfärbt, meine Zunge berührt zeitweise den sandigen Boden. Endlich, die Einsiedelei Eremo della Casella. Nicht wie gewöhnlich in einer tiefen unwegsamen Schlucht mitten im Wald, sondern auf einer hellen Lichtung direkt am Bergrücken, eingesäumt von einigen uralten Obstbäumen, wartet der Steinbau auf die wenigen Besucher. Gleich daneben am höchsten Punkt ein riesiges, verwittertes Holzkreuz. Doch noch mehr beeindrucken uns müde Wanderer ein alter, knorriger Holztisch und zwei windschiefe Bänke zur lang ersehnten Rast. Die Rucksäcke fliegen geradezu auf den Boden, und selbst des nassen Oberhemdes entledigt sich mein Herrchen diesmal. Sieht ja keiner. It's showtime. Im Inneren des Steinbaus ein Altar mit einer Holzfigur des heiligen Franziskus. Obwohl unbewohnt, muss die Einsiedelei regelmäßig besucht und gepflegt werden, denn auf dem Granitboden brennen in Kreuzform angeordnete Kerzen. Mystisches Dämmerlicht. Ich soll mich nun direkt neben diesem flammenden Kerzenkreuz platzieren. Zweifel kommen auf. Entweihen wir die Wirkungsstätte des Franziskus? Dem kurzen Nachdenken folgt ein wesentlich längeres Belichten. Die Sensation muss der Ehrfurcht weichen, Franz mag uns verzeihen, schließlich ist er ja der Schutzheilige der Tiere.

Gestärkt, ausgeruht und zufrieden ziehen wir nach über zwei Stunden weiter. Bergab, nur noch bergab, denn kein Höhenzug, kein Hügel liegt zwischen uns und Caprese – auf einer Höhe von nur noch 653 Metern ü.d.M. Die treibende

Schwerkraft lässt uns das Gehen leicht fallen. Schnell sind wir am Ziel der heutigen Etappe. Bis 1903 wäre man noch nach Caprese hinuntergegangen. Dann hatte der König per Erlass verfügt, dass der 1600-Seelen-Ort auch den Beinamen seines berühmten Sohnes tragen sollte: Michelangelo. Heute ist der Ortsname Programm. Kaum ein Fleckchen, wo man nicht mit dem Bildhauer, Maler, Architekten und Dichter Michelangelo di Lodovico Buonarroti Simoni konfrontiert wird. Das späte Nachmittagslicht ist gut, so wandern wir hinauf auf eine Anhöhe, von der man die ganze Ortschaft überblicken kann. Dort liegt das Geburtshaus des wohl bedeutendsten Künstlers der italienischen Hochrenaissance, heute Museum. Der Cammino di Assisi wird in Caprese kurzfristig zum Cammino Michelangionolo, zur Pilgerstätte aller Feingeister der Welt. Ob David, Moses oder die Pietà, der Duft der gewaltigen Marmorkunstwerke liegt hier förmlich in der Luft, obwohl sich der Meister nicht in seiner Heimatstadt, sondern zwischen Florenz, Bologna und Rom an das Behauen der monströsen Rohlinge machte.

Pina, die ebenso antiquierte wie freundliche Signora, heißt uns am Eingang zum *museo* herzlich willkommen. Noch sind wir die einzigen Besucher. Die Rucksäcke werden deponiert, und los geht die kunsthistorische Exkursionstour. Es ist ein riesiges Areal mit mehreren Gebäuden, begrenzt von imposanten Mauern. Fast schon eine Minifestung. Im Wohn- und Geburtshaus des Künstlers kann man neben einigen *non-finiti*, also unvollendeten Werken, Nachbildungen oder Kopien bewundern. Die Familie muss wohlhabend gewesen sein, denn groß ist auch das einstöckige Haupthaus mit Küche,

Speisezimmer und Schlafgemächern in epochengetreuer Meublage. Zwischen den Gegenständen des täglichen Gebrauchs immer wieder Skulpturen, Fragmente, Skizzen. Pecorino vor Davids Kopf, auf einem unbehauenen Marmorblock – und schließlich ruhend im Bett des großen Michelangelo. Erlaubt ist das zwar auch nicht, aber zumindest stellt sich diesmal nicht die Frage nach einem Sakrileg. Der Innenhof füllt sich jetzt mit einer deutschen Reisegruppe. Toskana-Touristen, keine Kunsthistoriker. Trotzdem gibt es einige verächtliche Blicke – was hat denn ein Hund im Museum verloren? Herrchen hat seine Arbeit getan, wir begeben uns zum Ausgang. Ob es denn hier schöne Unterkünfte für die Nacht gäbe, erkundigt sich Toni bei Signora Pina, die mich heftig streichelt. Sie werde kurz mit einer Freundin aus dem *ufficio turismo* telefonieren. „Wait a moment and take a seat", tönt es plötzlich in gebrochenem Englisch aus ihrem Mund. Eben noch die vielen Deutschen, ab und zu Amerikaner und Japaner ... da muss man ja sprachverwirrt werden.

Der Autor nützt die Gelegenheit der unfreiwilligen Warteschleife, um die hochmodernen Toilettenanlagen im antiken Gemäuer aufzusuchen. Herrchen inspiziert die zahlreichen Fotos an den Wänden. „Das gibt es doch nicht!" – sein Gesicht beginnt zu strahlen. Unter all den Fotos hängt auch ein großer Zeitungsausschnitt über die Region Toskana aus einem holländischen Magazin. Unter der herrlichen Abbildung steht in kleinen Lettern sein Name geschrieben: Foto Toni Anzenberger. Das ist eine Freude!

Auch mir kommt diese sanfte toskanische Landschaft, durch die sich eine markante Zypressenallee schlängelt, sehr bekannt vor. Ein Motiv, welches wahrscheinlich Millionen von Toskana-Besuchern wieder und wieder abgelichtet haben. Für mich und mein Herrchen allerdings hat es schicksalshafte Dimensionen, wie Toni zu erzählen beginnt. Genau zu dieser Straße nahe Torrenieri habe ich mein Herrchen im Jahr des besagten Fotos erstmals auf einer Reportagereise begleitet. Über elf Jahre ist das nun her. Und hier war es auch, dass ich ganz unabsichtlich durchs Bild gelaufen und ganz plötzlich beinahe leblos erstarrt bin. So hundeuntypisch, dass es beim Fotografen nicht nur geklickt, sondern auch gefunkt hat: Dieser Hund hat ein natürliches Talent zum Fotografiertwerden. Dieser Hund ist ein Model. Man könnte den historischen und doch so zufälligen Augenblick als meine zweite Geburtsstunde betrachten. In der ein neues Leben, eine neue Herausforderung für mich begonnen hat – das Leben als Hundemodel. Ohne diesen Zufall wären wir heute wohl nicht hier. Ohne diese Sternstunde stünden nicht Abertausende Fotobände über Pecorino in den Bücherregalen. Der Beginn meiner Karriere wurzelt in dieser wundervollen Landschaft im Val d'Orcia. Eines aus der Serie dieser legendären Landschaftsfotos ziert heute noch den Bildband *Pecorino in der Toskana* und ging in vielen Magazinen um die Welt. Von diesem Zeitpunkt an durfte ich Herrchen – ja musste ich ihn – auf fast jeder Fotoreise begleiten. Ich war ja nun das Hauptmotiv.

Signora Pina war zwischenzeitlich fündig geworden. Ein sehr schönes, neues Albergo im nahen Ortsteil Pratolino sollte unsere Bleibe für die Nacht werden. Den Berg runter, den gegenüberliegenden rauf, dann noch eine lange Gerade

Bestseller: Eines meiner bekanntesten Fotos, aufgenommen nahe Montepulciano in der Toskana. Ein wahres Kunstwerk!

und in der Linkskurve scharf rechts abbiegen. Die Abendsonne steht tief, der Weg zum Albergo Cristallo zieht sich. Man sieht kaum einen Caprese-Bewohner. Auffällig hingegen die vielen Verbotsschilder vor den zahlreichen Grünflächen und Parks der Michelangelo-Metropole. Für Hunde verboten. Nicht mit charmantem Wiener Schmäh und dem Slogan „Nimm ein Sacki für dein Gacki!" wird man aufgefordert, seine Exkremente zu entsorgen, nein, ein durchgestrichener, hässlicher schwarzer Hund auf weißem Grund warnt vor empfindlichen Geldstrafen. Genau in diesem Moment kommen uns zwei in Gardeuniformen aufgeputzte Carabinieri entgegen. Muss wohl ein Fest, eine Feierlichkeit hier sein, ich kann mir nicht vorstellen, dass die muskulösen und furchterregend anmutenden Amtsriegel jeden Tag in dieser musealen Uniform ihren Dienst versehen. Abrupt breche ich mein Vorhaben, das Bein zu heben, ab. Ich kann auch noch nach der nächsten Kurve in der von Michelangelo dominierten Stadt meine Witterung hinterlassen, da wird mich wohl das strenge Auge des Gestzes nicht mehr beobachten.

Das Cristallo strahlt uns mit moderner, gläserner Front entgegen. Architektonisch ein Touristenbunker der 1980er-Jahre. Wir dürften die einzigen Gäste sein. Die Zimmer sind hell mit Terrasse in den Garten hinaus. Es ist noch sehr warm. Während ich mein Fressen bekomme, beginnen meine Kumpane zu regelrechten Hausmännern zu mutieren: Emsig wird das Bad kurzerhand zur Waschküche umfunktioniert, und schon verleiht Rei in der Tube den staubigen und verschwitzten Wanderklamotten neuen Duft und Glanz. Getrocknet wird die triefende Wäsche rund ums Haus auf der Terrasse. In Ermangelung einer Wäscheleine muss schon mal die Dachrinne als Wäscheständer herhalten, wir sind schließlich in Italien. Der sanfte, warme Abendwind ist ideal zum Trocknen der Leibchen, Hosen, Socken und auffallend bunten Boxershorts. Wer weiß, wann sich diese Gelegenheit wieder bietet. Nur ein sauberer Pilger ist ein guter Pilger. Bin ich froh, dass ich ein angewachsenes Fell habe.

Abendessen gibt's um acht. Hunde sind grundsätzlich nicht im überdimensionierten Speisesaal erwünscht, man passt sich intern den externen Gegebenheiten an. Da sich aber nur ein einziger weiterer Gast hierher verirrt hat, darf ich im alleräußersten Winkel des Raumes Platz nehmen. Das Essen schmeckt, der Wein noch mehr. Ein Espresso und ein Zigarettchen für den Schreiber, Kaffee für Herrchen im Freien auf der Terrasse natürlich. Wir sind schließlich in Italien, und da hat man sich ja bekanntlich dem strengen EU-Rauchverbot vollends und ausnahmslos gebeugt. Gepafft wird nur draußen. Dann geht's ab in die Zimmer, ins Bett. Ich darf im übergroßen Doppelbett auf meiner Hundedecke bei Herrchen schlafen. Eine Ausnahme, nicht weil er sich so allein fühlt, sondern weil ihm heute einmal mehr bewusst geworden sein dürfte, wie wichtig es war, dass ich in sein Leben getreten und durch das legendäre Toskana-Foto getrampelt bin. Es war ein guter Tag.

Siebte und achte Etappe: Caprese Michelangelo bis Città di Castello 56 km

Die Straßen sind noch menschenleer. Es ist zeitig am Morgen und schon heiß. Die Maisonne hat die hügelige Landschaft um Michelangelos Caprese schnell erwärmt. Der große Meister der bildenden Künste verliert mit jedem Kilometer, den wir uns entfernen, an Bedeutung. Ein Stück noch bergauf zum knapp 800 Meter hohen Monte Fungaia, weitere 16 Kilometer nach Sansepolcro nur noch bergab. Man hätte auch einen anderen Weg nehmen können, jenen über Pieve Santo Stefano. Wir sind froh, dass wir die Caprese-Etappe gewählt haben. Sonst könnte ich nie behaupten, im Bett von Michelangelo geruht zu haben. Bei Ponte sul Lago überqueren wir erstmals den Tiber. Linker Hand ein riesiger, von Menschenhand geschaffener See, der Lago di Medoglio. Gewaltig überragt die 30 Meter hohe Staumauer das Tibertal. Die Umgebung verwandelt sich rasch in eine blühende, weite Auenlandschaft. Wasservögel aller Arten ziehen an uns vorbei. Ein Panoramafoto von der Staumauer und weiter geht's den Fluss entlang. Überall landwirtschaftlich genutzte Flächen, eine sehr fruchtbare Ebene beginnt.

Die Sonne brennt. Endlich kann Herrchen in aller Ruhe das fotografieren, was ihm schon mehrmals am Weg ins Auge gesprungen ist: endlose Mohnblumenfelder. Klatschmohn in den verschiedensten Rot- und Lilatönen lässt die Mittagshitze um einige Grade höher erscheinen. Pecorino zwischen den leuchtenden Blüten, geduckt im hohen Gras, schnuppernd am Mohn. Diese rote Pracht will, muss genützt werden. Dazwischen zieht es mich immer wieder an den Rand des Feldes zu einem einsamen Apfelbäumchen, das für einen großen Hund wie mich eindeutig zu wenig Schatten spendet. Und noch ein Foto im blühenden Feld, jetzt reicht's langsam. Wie durch eine Fügung Gottes nähert sich just in diesem Moment ein riesiger Traktor auf dem kleinen, sandigen Güterweg inmitten der Felder. Ein regelrechter Stauborkan wird auslöst. Das satte Grün und Rot der Pflanzen wird blitzartig von einer grauen Schicht umhüllt. Herrchen, Autor und ich bekommen kaum noch Luft zum Atmen. Der gesundheitsgefährdende Feinstaubpegel hat längst sämtliche Grenzwerte überschritten, das teure Kameraobjektiv ist völlig versandet und bedarf sofortiger Reinigung. „Wie der Hund jetzt ausschaut, nichts wie weg hier!" Die Operation Mohnblumenfeld war somit spontan beendet. Ich darf endlich das tun, wovon ich schon die ganze Zeit über geträumt habe: ein reinigendes, aber vor allem kühlendes Bad in den Fluten des nahen Tibers nehmen. Ein Hochgenuss. Herrchen bezeichnet mich ja gerne als Wasserratte, weil ich immer schon kaum eine Pfütze, einen Bach oder einen See ausgelassen habe. Rein, plantschen, schwimmen, wohlfühlen. Warum man dann zur Wasserratte degradiert und nicht zumindest als Seehund bezeichnet wird, ist mir ein Rätsel. Menschen! Ob Donau, Isar, Seine oder die Seen des Salzkammerguts, ich habe sie alle schon durchschwommen.

Da ich im Gegensatz zu anderen Artgenossen kaum zum sogenannten Hundeln neige, mein Fell sehr pflegeleicht ist und auch schnell trocknet, bleiben meine Ausflüge in die Feuchtgebiete dieser Erde meist unbemerkt. Nur ein einziges Mal, da habe ich – wieder einmal aus für mich unerklärlichen Gründen – das liebe Herrchen beinahe in den Wahnsinn getrieben. Es war in Frankreich. In Toulouse. Das Hotel war großartig, das Restaurant auch. Wir hatten bereits ausgecheckt. Ich bin nach dem Frühstück noch einmal ums Hotel Gassi gelaufen, schließlich hatten wir den langen Weg im Auto zur portugiesischen Algarve noch vor uns. Da war sie nun hinter dem Hotel, die überdimensionale Lache aus einer wohlriechenden Flüssigkeit. Zu seicht zum Schwimmen, aber ideal, um sich darin zu wälzen. Ich konnte nicht anders. Was ich nicht wusste: Das noble Restaurant hatte mitten in der Botanik ein illegales Reservoir von altem Bratöl und Fett angelegt. Den Geruch vom abgestandenen Öl habe ich trotz offenem Autofenster und einem Zwischenstopp samt Schwimmrunde in einem kleinen Flüsschen bis an die Algarve exportiert. Mich hat's nicht gestört.

Dort an der Algarve habe ich schließlich auch meine schrecklichsten Erfahrungen mit der Naturgewalt Meer machen müssen. Beim Entstehen der Bildstory *Pecorino an der Algarve* durfte natürlich der südwestlichste Punkt Europas in Sagres nicht fehlen. Es war Frühjahr, das Meer hatte gerade mal 16 Grad, der kalte Wind fegte über die zerklüftete Felsenküste. Ich musste modeln auf einem schroffen Felsen mitten im Wasser. Herrchen und das ideale Motiv verlangten es. Ich hasse Salzwasser, egal ob Ost-, Nord- oder Südsee. Es schmeckt nicht, es trocknet aus, es brennt in den Augen – auch damals am Atlantik. Plötzlich rollt eine riesige Welle aus Schaum

Lebensgefahr herrschte für mich und Herrchen in den Fluten an der Algarve-Küste.

und Gischt von hinten zuerst auf mich und schließlich auch auf Herrchen zu. Das Foto war zwar genial, aber Toni wurde ebenso wie ich vom Felsen ins Meer gespült. Beim erfolgreichen Versuch, mich zu retten, hat sich der Freizeit-Baywatch-Star auch noch grauenhafte Schürfwunden an Armen und Beinen zugezogen. In einem schönen, klaren Süßwassersee hätte uns so ein heimtückischer Tsunami wohl nicht überrascht.

Noch ein paar Bilder im und am Ufer des Tibers, und es wird wieder gewandert. Schotterstraßen mit Millionen von kleinen, spitzen Steinen machen die frühe Nachmittagshitze auch nicht gerade erträglicher. Es brennt jetzt von oben und von unten. Ab und zu ein Traktor, ein Bauer, der seine Gerätschaft auf einem Pick-up zum Feld fährt. Der Horizont flimmert. Schnurgerade ist die Schotterpiste am Rande des Tibers, Schatten spendende Flora auf ein Minimum reduziert. Warum man hier den *cammino* nicht über den nahen, sanften und vor allem bewaldeten Höhenzug auf der anderen Seite des Tibers weitergeführt hat, ist mir unerklärlich. Es gibt nichts zu sehen, nichts zu erleben, nur diese eintönige, staubige Schotterpiste. Wir sind enttäuscht, leicht genervt, die verbleibende Wegstrecke scheint endlos.

Auch das noch: Etwas Brummendes, Großes, Beängstigendes nähert sich uns frontal, gehüllt in eine fette Staubwolke. Ein riesiges Betonmischfahrzeug. Gleich dahinter ein Truck von monströsen Dimensionen, beladen mit Sand und Schotter. Links und rechts der immer breiter werdenden Straße hat man im Val Tiberiana zahlreiche Schotterwerke angelegt. Wir durchpilgern die Zivilisation. Noch drei Kilometer bis zur Stadtgrenze von Sansepolcro, jenem 16 000-Seelen-Ort am Tiber, der bereits im 15. Jahrhundert genauso viele Einwohner hatte. Daran konnte auch die Ansiedlung einer weltbekannten Nudelfabrik nichts ändern.

Der Schotter der Güterwege unter meinen Pfoten weicht nun dem glühenden Asphalt einer Hauptstraße. Man wähnt sich mitten im August. Das Vorankommen in der Flussebene ist wesentlich beschwerlicher als noch am Vortag auf den schattigen Waldhügeln der Alpe di Catenaia. Die Pfoten schmerzen vom stundenlangen, spitzen Kiesuntergrund. Alle drei sehen wir nicht glücklich aus. Eben passieren wir einen Industrievorort, dessen herausragendes Merkmal Stahlbeton ist und mehrere monströse Supermärkte. Erstmals auf unserer Pilgerreise hat uns die reale Welt wieder brutal eingeholt.

Ein kurzer Blick auf die Karte soll eine angenehmere Ausweichroute finden lassen. Wir biegen ab von der Hauptstraße direkt hinein in den schmalen Auwald, der das Tiberufer säumt. Alte verfallene Mauern werden erklommen, und schon stehen wir mitten drin im sumpfigen Schilfdickicht. So ist es, wenn sich ein Fotograf als Scout betätigt. Meine feine Nase und der Verlauf des Tibers zeigen uns an, wo es langgeht. So lange, bis eine alte Brücke jegliches Weiterkommen verhindert. Längst sind wir nicht mehr die Einzigen hier unten am Fluss. Tausende Gelsen umschwirren uns. Blutsauger, die selbst vor mir nicht haltmachen. Grauenhaft. Rauf die steile Böschung, rein in das Areal eines Bauhofes. Am anderen Ende des Lagerplatzes können wir jene Hauptstraße wiedererkennen, die wir gerade umgehen wollten. Nur ein kleines Hindernis wäre da noch: ein zwei Meter hoher Stacheldrahtzaun. Zurück wollen wir nicht, also wird geklettert. Zuerst der Autor, dann fliegen die Rucksäcke, dann werde ich nachgereicht, und schließlich übersteigt Herrchen das rostige Stachelmonster. Wir landen mitten im Graben der verkehrsreichen Straße. Schweißgebadet und verdreckt. Wir fühlen uns wie Eindringlinge und werden mit den schmutzigen Klamotten, dem staubigen Fell, den Rucksäcken und unseren enttäuscht-grimmigen Minen auch dementsprechend von Passanten gemustert. Ein Dialog zwischen hehren Pilgergedanken und der plötzlich hereingebrochenen Zivilisation kann nicht aufkommen. Einen Kreisverkehr queren wir im Laufschritt, die Autostrada E 45 nach Florenz umgehen wir unterirdisch via *sottopassaggio*, einer Unterführung.

Sansepolcro, das Ortsschild sagt uns, wir haben es geschafft. Der Durst und die Anstrengung des eben Erlebten lassen uns an einem kleinen Kiosk haltmachen. Viel Wasser, *due Espressi* und natürlich eine Beruhigungs-Entspannung-Sucht-Zigarette für den Schreiber müssen her. Alle drei sind wir erschöpft und müde. Nur der Verkehrslärm und ab und zu ein Passant stören die stille Rast auf den klapprigen Uraltstühlen im improvisierten Kiosk-Schanigarten. Schlafen, ruhen, die angegriffenen Pfoten schonen. Da entdeckt Herrchen durch eine Hecke hindurch ein geniales Motiv. Eine alte, über und über mit bunten Graffiti kunstvoll besprühte, ausrangierte Zuggarnitur rottet da auf einer aufgelassenen Gleisanlage vor sich hin. Also: Showtime. Pecorino davor, drinnen, aus dem Waggonfenster blickend. Ein abgefahrenes Motiv. Herrchens Begeisterung über die gelungenen Fotos ist groß, doch da bemerkt er, dass ich hinke. Zurück zum Autor, der sich mittlerweile beim dritten Espresso und ebenso vielen Zigaretten entspannt hat. Kurze Lagebesprechung, ein letzter Schluck aus dem bereitgestellten Wassernapf, und weiter geht's in Richtung Bahnhof. Meine Begleiter sind der Meinung, dass ich Ruhe, Schonung brauche und die höchst nötige Hirschtalgbehandlung meiner Pfoten. Auch ein Hotel für die Nacht muss noch gefunden werden.

Am Weg zur *stazione* kann ich plötzlich die konzentrierte Witterung verschiedenster Artgenossen aufnehmen. Und schon stehen wir davor, vor dem nächsten, etwas absurden Fotomotiv: einem gänzlich in Pink gehaltenen Hundesalon. Grauenhafte Vorher-nachher-Abbildungen von mehr oder weniger gequälten Zeitgenossen, vom grässlich auftoupierten Königspudel unter der Trockenhaube bis hin zum frisch getrimmten, tropfnassen Zwergpinscher in der Luxusbadewanne zieren großflächig die Auslagen des animalischen Schönheitstempels. Bei so viel menschlichem Unfug beginnt abgesehen von meinen Pfoten nun auch noch meine Hundeseele zu leiden. „Cucciolandia", in Anlehnung an die beliebte, italienische Comicserie über Haustiere, steht in rosaroten Lettern über dem Geschäftslokal. Angeboten wird professionelle „toelettatura per vostri cani e gatti" – also ein Rundumprogramm für Hunde und Katzen. Zum Jaulen! Der Laden ist, Franziskus sei Dank, geschlossen. So bleibt es bei ein paar Bildern vor der abscheulichen Fassade, und niemand kann auf die liebevolle Idee kommen, mir womöglich ein wohlriechendes Hundeshampoo von Chanel, ein Regenmäntelchen von Prada oder ein Hundeduftwässerchen von Armani zu kaufen.

Es ist 16.30 Uhr. Die altmodische Bahnhofshalle ist menschenleer. Im Café gegenüber der *stazione* machen sich meine Mitstreiter ernsthafte Gedanken, wie es heute und überhaupt im Leben weitergehen soll. Meine Pfoten werden inspiziert. An den Vorderläufen hat sich das kräftige Schwarz der Ballen in zartes, brüchiges Rosa verwandelt; zu spitz waren die Steine, zu lange die Etappe auf Kies. Ich jammere nicht, nie, darum ist man jetzt umso überraschter über das Ausmaß. Eine böse Überraschung für meine Freunde, denn die Pilgertour ist erstmals ernsthaft gefährdet. „Tapfer ist er und so brav!", beruhigen sie mich, während ich an meinen Pfoten lecke. Was tun? Ohne fitten Hund kein Pilgerweg. Ein Abbruch so nahe vor Assisi, dem Ziel, käme einer mittleren Katastrophe gleich. Selbst ich komme ins Zweifeln, und dabei wollte ich doch meinem Herrchen etwas beweisen. Beweisen, dass ich es noch kann und auch schaffen werde.

Bei Kaffee und Kuchen und ein paar Kugeln *gelato* wird beraten. Die nächste Etappe von Sansepolcro nach Città di Castello wird peinlich genau unter die Lupe genommen. 30 Kilometer hätten wir am morgigen Tag zurückzulegen. 30 Kilometer wieder vornehmlich entlang des Tibers auf schottrigen, kleinen Straßen, kein Unterschied zu heute. Kaum ein interessantes Fotomotiv, kaum ein schattiges Plätzchen. Nicht zu schaffen mit wunden Pfoten. Da fällt die schwere, aber notwendige Entscheidung – und diesmal haben sich meine Begleiter nicht auf Hape Kerkeling rausreden müssen: Wir setzen die Etappe mit dem Zug fort – und zwar noch heute.

Der Espresso schmeckt plötzlich besser, und mein Wasser mutiert zum besten Nass, das ich je getrunken habe. Die

Stimmung steigt. Flugs hat Herrchen die nötigen Fahrplanauskünfte besorgt. Es bleiben uns noch anderthalb Stunden. Stellt sich nur die Frage: Wie kommen wir zum fehlenden Etappenstempel für unsere Pilgerpässe? Die Kirche, der Pfarrer. Nebenbei soll es hier auch noch ein schönes, altes Benediktinerkloster mit Reliquien vom heiligen Agostino geben. Dort sollte man doch auch einen Pilgerstempel bekommen. Herrchen macht sich auf den Weg. Das Zentrum ist nicht weit, und ich begleite ihn. Der Schreiber ist zu erschöpft und wartet auf uns in der kleinen Café-Bar beim Bahnhof. Er hütet die Rucksäcke. Die Gewissheit, heute nicht mehr viel laufen zu müssen, lässt mich die geschundenen Pfoten gänzlich vergessen. Ein Foto hier, ein Foto da und schließlich die ersehnten Stempel nicht pilgergerecht in der Kathedrale, sondern in der Touristeninfo. Offenbar hält auch der Herr Pfarrer ausgiebig Siesta.

Zurück am Bahnhof wird es etwas hektisch. Schnell die Karten kaufen, und schon rollt er ein, der rettende Zug nach Città di Castello. Ich bezahle wieder einmal nichts. Öffentliche Verkehrsmittel in Italien erweisen sich immer mehr als Eldorado für uns Hunde. Ganz legal ist das nicht, aber der Billeteur hat eben wieder einmal ein Auge zugedrückt. Der Regionalzug ist spärlich besetzt. Die Scheiben sind teilweise undurchsichtig, innen wie außen mit Graffiti besprüht, auch ein gravierender Unterschied – aber dafür reise ich gratis. Draußen ziehen die Umrisse von Orten wie Gabriellone, San Giustiono oder Selci-Lama an uns vorbei. Drinnen genießen wir die Entspanntheit im grellen 1970er-Jahre-Ambiente mit schockfarbenen, orange-rot-gelben Polsterbezügen. Dass wir die Grenze zwischen der Toskana und Umbrien in Gabriellone längst überfahren haben, wird uns erst beim späteren Blick auf die Landkarte bewusst. Der Reiz der lieblich-sanften Toskana ist ohnehin längst verflogen.

Zwanzig Minuten dauert die erholsame Pilgerfahrt in der Eisenbahn. Das Touristenbüro in Città di Castello liegt mitten im alten Zentrum innerhalb der befestigten Stadtmauern. Es herrscht reges Abendtreiben in den engen Geschäftsstraßen mit unzähligen kleinen Boutiquen und Designerläden. Unsere Gedanken gehen allerdings weniger in Richtung Shoppen, eine Unterkunft für die Nacht muss her. Die Fußgängerzone ist stark befahren – von Autos. Italien eben! Eine Möpsin himmelt mich an, wird brutal weitergeschleift von ihrem Frauchen. Es bleibt kaum Zeit zu sagen, woher ich komme und wohin ich gehe. „Ciao bella!" Die Menschen hier sind jung, gut gekleidet und hübsch anzusehen – vor allem die weiblichen, wie meinen Begleitern auffällt. Kein Wunder, ist es doch die Geburtsstadt der Leinwandschönen Monica Bellucci. Die Bars und Cafés füllen sich. Smalltalk und fröhliches Gelächter beherrschen die Piazza vor dem Palazzo Communale und dem alten Stadtturm aus dem 14. Jahrhundert. Ich begleite Toni zur Touristeninfo. Eine Gruppe deutscher Rucksacktouristen, vielleicht auch Pilger, verlässt gerade das *ufficio*. Einige Telefonate mit hundekompatiblen Herbergen, und schon haben wir ein Hotel. Ganz leicht zu finden. Zweimal links, dann gerade und schon haben wir das Hotel Le Mura erreicht. „Keine fünf Minuten", sagte man uns. Die Realität war wieder einmal eine andere. Vorbei am Dom Santi Florido – auf den Stufen schnell ein Foto –, am Palazzo Podestà

– vor dem gewaltigen Holztor schnell ein Foto –, und da waren wir, nach guten zehn Minuten, wieder am Palazzo Communale angelangt. Ein Einheimischer wusste schließlich, was uns die Stadtinfo nur vage beschrieben hatte.

Entzückend, beinahe kitschig ist es, das kleine, feine Hotel direkt an der Stadtmauer. Es ist spät geworden. Die abendliche Duschaktion und dann ein Bier im Gastgarten vor der Herberge sollen die Laune meiner Mitpilger heben und Klarheit über unsere weitere Vorgehensweise schaffen. Meine Pfoten werden erneut inspiziert. Ich fühle mich wohl, Herrchen sieht die Situation doch etwas kritischer. Ist unser Projekt gescheitert? Schafft es der arme Hund? Durch ein weiteres Bierchen lässt sich die Frustration vorerst wegspülen. Dennoch ist die Stimmung etwas gedämpft. Auf das Abendessen wird heute verzichtet. Man will nicht mehr gehen und suchen, ich auch nicht. Eine extra dicke Schicht Hirschtalg wird auf meinen Pfoten aufgetragen in der Hoffnung auf eine wundersame Heilung über Nacht. Dieser Tag gehört der Vergangenheit an – der morgige kann eigentlich nur besser werden.

Neunte Etappe: Città di Castello bis Pietralunga 32 km

Acht Stunden Schlaf haben gut getan. Der erste Gedanke meiner Begleiter gilt heute nicht dem Wetter oder dem Frühstück, sondern mir. Gut so. Das Beten dürfte geholfen haben: Meine Pfoten sehen aus wie neu. Ich fühle mich wohl und voller Tatendrang. So ganz will man mir aber diese schnelle Genesung nicht abnehmen. Weitere Schonung wäre sinnvoll. Beim Frühstück wird konferiert. Die ersten Kilometer der Etappe nach Pietralunga sind – laut Auskunft des Wirtes – wieder steinig und steil. Die Entscheidung fällt abrupt: Wir werden diese Teilstrecke mit einem Taxi zurücklegen und versuchen, die restlichen 20 Kilometer behutsam zu wandern. Der Taxler kündigt sich durch schrilles Hupen an. Wir sind in Italien. Hier hupt man aus Freude, Begeisterung und um sich bemerkbar zu machen, kaum aus Aggression, wie auf unseren heimischen Straßen. Vor dem Eingang steht ein weißer Mercedes Kombi. Dunkel getönte Scheiben, drinnen schwarzes Leder, schwarzer Teppich. Eine in dieser Gegend eher auffällige Nobelkarosse. Davor steht Bruno, der Fahrer. Schwarzer Anzug, weißes Hemd, schwarze Krawatte, dunkle Sonnenbrille. Man fühlt sich in eine Filmszene aus *Der Pate* oder *Allein gegen die Mafia* versetzt, Palermo mitten in Umbrien. Toni holt blitzartig und völlig unaufgefordert meine Hundedecke aus dem Rucksack. Wer weiß? Ich darf mich im Fond auf der blitzblanken Gummimatte platzieren. Signor

Bruno ist wider Erwarten freundlich und entspricht so gar nicht seinem klischeehaften Äußeren. Eine günstige Ausstiegsstelle am höchsten Punkt der Anhöhe und ein ebensolcher Preis werden ausgehandelt. Die gut ausgebaute Bergstraße bahnt sich ihren kurvigen Weg durch das Hügelland. Bruno ist ein routinierter Chauffeur, sanft gleitet er die Serpentinen hinauf. Am Rückspiegel baumelt ein Rosenkranz mit Kreuz. Im Radio tönt die gedämpfte Musik eines Regionalsenders. Da taut Bruno auf und beginnt über seine Erlebnisse mit Pilgern zu erzählen. Ja, in der Hochsaison würde er zweimal am Tag und öfter genau diese Fahrt machen. Die steile Asphaltstraße werde von sehr vielen Glaubens- und Pilgergenossen in der Hitze gemieden beziehungsweise „umfahren". Bruno grinst uns verständnisvoll an.

Wenige hundert Meter vor der Bergkuppe bremst Bruno sein Taxi abrupt ab. Endstation. Die banale Erklärung: Exakt hier ende die asphaltierte Straße, und er wolle sein blitzblankes Gefährt nicht den Kieselsteinen der staubigen Schotterpiste aussetzen. Schlecht für den Lack. Das nennt man konsequent. Dass wir Signor Bruno um ein gemeinsames Foto bitten, bedarf keiner weiteren Erklärung. Diese Szene muss einfach für die Nachwelt eingefangen werden: schneeweißes Taxi, ein vermeintlicher Mafioso wie er im Buche steht, ein weißer Hund mit schwarzen Flecken und all das inmitten der blühenden, sattgrünen Natur. Ein Foto wie dieses kann man nicht inszenieren. Taxler Bruno streichelt mich, steigt in seinen Mercedes, wünscht uns ganz pilger-affin „pax et bonum" und wendet seinen Wagen gekonnt, natürlich auf dem asphaltierten Teil der Straße, ohne nur ein Steinchen vom schädlichen Rollsplitt berührt zu haben. Auch filmreif.

Für uns beginnt nun wieder der Alltag in der sanfthügeligen und sehr grünen Natur in Alto Tevere Umbro. Nichts weist auf meine gestern noch so angeschlagenen Pfoten hin. Ich laufe und laufe, wie immer. Satte Wiesen am Wegesrand, ab und zu ein kleiner Weiler. Nur an den Weggabelungen tun sich regelrechte Wälder auf – Wälder von Hinweisschildern: das vertraute schwarze Tau auf gelbem Untergrund für unseren Franziskusweg, blau-gelbe Wegweiser für die Via di Roma und die Via Francigena di San Francesco und rot-weiß-rote Pfeile für ausgewiesene Wanderwege durch Alto Tevere. Sehr verwirrend. Das geruhsame Dahinwandern wird plötzlich zum komplizierten Orientierungslauf. Schon wieder zwei neue Tafeln am Wegesrand: „Pecore al pascolo!" und gleich darunter der Warnhinweis „Attenzione ai cani pastori!". Wir durchqueren das Gebiet der Schafzüchter. Gefahr besteht allerdings weniger für die Wanderer als für Schafe und Hunde. Die wenigen Autos, die hier durchfahren, fahren schnell. Oft zu schnell für die braven, aufmerksamen Schäferhunde und deren Herden. Ihre Besitzer wissen sehr wohl, was sie an ihren Wach- und Schutzhunden haben. Auch wenn sie in der Menschensprache eher abwertend als Gebrauchshunde bezeichnet werden (sehr unpersönlich und technokratisch!). Allein, sie werden ja wirklich gebraucht! Beim Gedanken daran, eine Herde vor Greiftieren, Füchsen oder gar Wölfen zu beschützen, gerät der Anteil meines Border-Collie-Blutes in Wallungen. Trotzdem – Fotohund zu sein, ist schon schöner.

„Pax et bonum!", „Buon giorno!", tönt es uns von Weitem entgegen. Eine Fünfergruppe italienischer Pilger nähert sich uns, während ich gerade vor einem grellgelb blühenden Strauch Motiv stehe. „Ein schöner Hund." Smalltalk. Vom Lago di Garda und aus Lodi nahe Milano sind sie, die fünf Pilger gesetzteren Alters. Herrchen erzählt unsere Geschichte. Achille, ein hagerer, grauer Pensionist mit weißem Bart verrät uns seine Beweggründe zum Pilgern. Er sucht Trost und Hoffnung und will einen neuen Weg in seinem Leben finden. Einen Ausweg, denn im Vorjahr ist seine Tochter mit 33 Jahren an Krebs gestorben. Erfolgreich im Beruf, glücklich mit ihrer kleinen Familie wurde sie hinweggerafft. Nun sucht der gläubige Achille nach einer Erklärung, einer Antwort, warum der gütige Gott gerade ihn so bestrafen musste. Im Vorjahr hat er bereits den Jakobsweg absolviert. Dieses Jahr soll ihm der *Cammino di Assisi* Trost spenden. Bis Rom wollen er und seine Freunde gehen. Eine nachhaltige Begegnung mit echten Pilgern.

Wir setzen unseren Weg fort, bedächtiger und etwas ernster. Schneller sind wir unterwegs als jene fünf Mitpilger. Kein Wunder, haben diese als überzeugte Gotteswanderer auch kein Taxi benutzt und eine doppelt so lange Strecke hinter sich. Lang gezogene Kurven, schattige Waldpassagen, ein Foto bei der alten Kirche von Pieve de Saddi, einem in seiner Stille und Verlassenheit geradezu magischen Ort. Es wird langatmig, die Serpentinenstraße wird zur sandigen Endlosschlange. Toni hat wieder ein lohnendes Motiv entdeckt, oben auf einer Kuppe in der Wiese. Seine Schritte werden länger, er wird schneller und läuft voraus. Ich ziehe die gemütliche Gangart des Autors vor und begleite ihn. Nicht lange, dann biege ich unbemerkt ab. Da ist doch eine ganz liebliche Witterung. Ich werde schneller und schneller, die Witterung wird deutlicher, es riecht nach Weibchen. Im Hof eines kleinen Gehöfts sitzt sie und lächelt mich an: Chiara. Neben der beigen Mischlingshündin balgen vier sehr kleine Welpen um die Wette. Man beschnuppert sich, ist sich sympathisch. Es kommt wohl nicht allzu oft vor, dass sich in diese Einöde ein fremder Hund verirrt. Wir schreiben Mai, und meine Hormone spielen kurzfristig verrückt. Soll vorkommen. Da höre ich aus weiter Ferne verzweifeltes Rufen. Mein Name wird in die Stille der Natur gebrüllt, und da steht Herrchen auch schon vor mir. Keuchend und völlig verschwitzt. Zwar findet er die Welpen auch süß und reizend, nimmt mich aber trotzdem mit leicht verzweifeltem Blick etwas forsch an die Leine. So ganz kann er meine Gefühle nicht verstehen.

Eine kurze Rast ist angesagt, und mir werden die Leviten gelesen. Weglaufen und Herrchen in Angst und Schrecken versetzen, das gibt's nicht. Als liebestoll werde ich bezeichnet, und all meine Romanzen werden plötzlich öffentlich gemacht. Nicht jeder Italiener muss zugleich ein Casanova sein, und ein Filou bin ich auch nicht. Ja, da war die kleine Kitty in Rimini, die ich sehr mochte, allerdings war ich damals ja fast noch ein Welpe und viel zu jung, um den Sinn der Liebe oder der Erotik zu begreifen. Beschnuppert habe ich viele Hundedamen in meinem Leben, das wird man wohl noch dürfen. Wenn ich bedenke, wie oft sich meine beiden Begleiter allein in den vergangenen Tagen nach hübschen

Stolzer Vater: Meine acht Kinder im Alter von sieben Wochen

Frauen umgedreht haben. Richtig verliebt war ich nur ein einziges Mal. Es war in Graz. Eine wunderschöne und entzückende Hundedame. Die Gefühle beruhten auf Gegenseitigkeit, und das hat natürlich auch Herrchen sofort bemerkt. Fazit: Unsere Lovestory wurde in dem Bildband *Pecorino in München* festgehalten. Angeblich soll ich auf den Fotos einen verträumten, verklärten, verliebten Blick haben. Na ja, dass es wirklich gefunkt hat zwischen Jessie und mir, wurde allen Beteiligten allerdings erst Monate später klar. Ende Oktober 2002 konnte die Welt das prachtvolle, wollige Ergebnis unseres Flirts endlich bewundern: acht stramme Welpen. Ich war zum ersten Mal im Leben stolzer Vater geworden. Fünf Söhne und drei Töchter konnte ich nun mein Eigen nennen. Mein Stammbaum, meine Nachkommenschaft ist somit gesichert. Heute habe ich nur noch selten Kontakt zu Jessie, höchstens zweimal im Jahr. Immer wieder ein schönes Erlebnis, aber nicht mehr als eine gute Freundschaft – sehr menschlich. Meine Kinder – ein Sohn ist leider schon kurz nach der Geburt in den Hundehimmel aufgenommen worden – sind in alle Himmelsrichtungen verstreut. Nach Norddeutschland, nach Nürnberg, nach Italien. Kontakt haben wir keinen mehr. Nur Shakeera, die sehe ich sehr häufig, sie hat bei Tonis Schwester ein Zuhause gefunden. Ja, und sie dürfte auch die meisten meiner Gene mitbekommen haben, sie hat längst ihre ersten Gehversuche vor der Kamera absolviert und ist auf dem besten Weg, ein Model zu werden. Vielleicht wird sie ja einmal in meine Fußstapfen treten; bis dahin muss die Kleine allerdings noch sehr, sehr viel lernen.

Gedanken über Leben und Sterben, Diesseits und Jenseits. Da war Achille, der Pilger, der seine Tochter verloren hat und nun auf den *cammini* dieser Welt Trost sucht. Da war aber auch die Einsamkeit und Stille in der Abgeschiedenheit dieser im Urzustand ruhenden Landschaft. Die verlassenen Friedhöfe, die Ruinen einstiger Kirchen, die man in der Ferne erblicken konnte. Eine sehr spirituelle Etappe, die uns nun in die alte Langobarden-Siedlung Pietralunga führt.

Da liegt sie, die mittelalterliche Ortschaft. Dicht gedrängt auf einem steilen Hügel klebt Haus an Haus. Eng sind die Gassen hin zum alten Uhrturm und zur Chiesa Santa Maria. Auf der gepflasterten, schmalen Hauptstraße drängen sich die Autos. Es ist Freitag und es ist Abend. Eine Unterkunft haben wir bereits telefonisch gecheckt. Empfohlen von unseren fünf italienischen Pilgerkollegen. Gott sei Dank!, wie sich bald herausstellen sollte. Direkt im Zentrum der Festungsanlage von Pietralunga liegt es, das Hotel Tinca. Eine neu renovierte, komfortable Herberge im alten Gemäuer. Die Bar des Hauses dient gleichzeitig als Rezeption. Im Raum dahinter versuchen Jugendliche an Spielautomaten und beim Tischfußball ihr Glück. Im übermächtigen Flatscreen oberhalb der Theke flimmert ein echtes Fußballmatch. „Benvenuti", strahlt uns der Besitzer Aldo entgegen. Er hat uns erwartet und reicht uns auch schon gleich die Schlüssel für zwei Zimmer im obersten Geschoss mit Blick auf die Via Marconi, die Hauptstraße. „Tutto incluso", signalisiert uns der emsige Mundschenk und schiebt mir einen Napf mit frischem, kühlem Wasser hin. Herrchen und Autor werden auf einen Willkommensdrink eingeladen, ein Bierchen. Die Atmosphäre ist entspannt und familiär. Nun warte er gerade noch auf fünf italienische Pilger. Herrchen nickt wissend und wundert sich, wo sie wohl bleiben mögen. Dann ist die Luxusherberge ausgebucht für heute Nacht. Kein Wunder, ist das Tinca mit seinen drei Sternen doch das einzige Hotel am Platz. Nur noch beim Pfarrer Don Salvatore könne man spartanische Übernachtungsmöglichkeiten buchen oder in den beiden Agriturismi nahe der Ortschaft. Nebenbei und gleich nebenan betreibt Aldo auch einen Geschenkartikelladen, seine Bar und ein kleines Juweliergeschäft, das auf alten Silberschmuck und modernen Kitsch spezialisiert ist. Er ist ein Tycoon in dieser 2000-Seelen-Gemeinde. Nur ein Restaurant hat er keines – noch nicht. Das Abendessen sollten wir daher in der Pizzeria auf der Piazza zu uns nehmen. Preiswert und ausgezeichnet sei es da. Wir müssen Aldos Rat befolgen, denn mit Restaurants ist Pietralunga ebenfalls nicht gesegnet. Voll war das Gasthaus, und gut hat das Essen meinen Begleitern geschmeckt. Die Reste der Pizza Salame durfte ich unauffällig unter dem Tisch verdrücken – lecker.

Nach dem Essen ein notwendiger Verdauungsspaziergang durch die engen Gassen des *centro storico*. „Gassi gehen" bedeutet für mich unweigerlich auch Posieren. Pecorino auf der bröckelnden Burgmauer im Abendlicht, vor dem mächtigen Uhrturm und natürlich auf einer Ape sitzend. Diese als „Bienen" bezeichneten dreirädrigen Rollermobile beherrschen das Ortsbild. In den Tricolore, in mattem Schwarz mit Fahrerkabine oder als buntbemalte Pick-ups surren sie, alten Nähmaschinen gleich, mit ihren Zweitaktmotoren die Straßen rauf und runter. Putzig und ohrenbetäubend.

Nun noch schnell ein kleines Bierchen als Durstlöscher und Schlafmittel zugleich in der Bar gegenüber, und wir ziehen uns auf die Zimmer zurück. Es ist eine laue Nacht. Am Fensterbrett trocknen Herrchens frisch gewaschene Wandersocken und T-Shirts vor sich hin, und unten auf der Via hat die Freitagnacht lautstark begonnen. Jugendliche aus der ganzen Gegend suchen in den drei Bars Abwechslung vom tristen Arbeitsalltag. Das Leben spielt sich hier zur Gänze auf der Straße ab. Mofas, Motorräder und Autos drehen unentwegt ihre Runden. Ein lärmendes Perpetuum mobile, das beim letzten Blick auf die Uhr um 0.30 Uhr immer noch nicht zum Stillstand gekommen ist. Für uns drei erschöpfte Pilger kommt allerdings irgendwann der Zeitpunkt, zu dem sich selbst ein fröhlich-lautes Treiben in ein beruhigend-stimulierendes Wiegenlied verwandelt und man sanft entschläft.

Zehnte Etappe: Pietralunga bis Gubbio 28 km

Sieben Uhr morgens. Der Geruch von frischem Espresso und warmen *cornetti* empfängt uns in der Tinca-Bar. „Buon giorno", tönt es in wohlbekannten Stimmlagen entgegen. Die fünf Pilger haben gestern doch noch das Hotel erreicht. Ja, sie hätten getrödelt und sich Zeit gelassen, sie seien ja noch bis Rom unterwegs. Auch haben sie uns aus der Ferne beim Fotografieren beobachtet. Gefährlich habe es für sie ausgesehen, wie ich auf der hohen Festungsmauer posierte. Herrchens Erklärung folgt prompt, und schon werde ich als berühmter Fotohund in aller Herrgottsfrühe endlos abgelichtet.

Es ist Zeit, sich auf den Weg zu machen. 28 Kilometer liegen vor uns. Just in diesem Moment bekommen wir ein lukratives Angebot von Aldo: „Wollt ihr nicht ein Stück in meinem Auto fahren? Ich muss zum Agriturismo Borgo San Benedetto. Oder ist das eine Frage, die man Pilgern nicht stellen darf?" Es war genau die richtige Frage! Schon wandern die Rucksäcke vom Buckel in den Kofferraum des schwarzen Fiat Punto. Der Tag beginnt ungeplant gut. Immerhin legen wir in nur zehn Minuten ganze sieben Kilometer zurück, haben somit anderthalb Stunden gespart. Ganz im Gegensatz zu Brunos weißem Mercedes-Taxi fühlt man sich in Aldos schmuddeligem Fiat italienisch heimisch. Die Sitze sind durchgesessen, die Fußmatten von Sand und Kieseln gemustert, und Anschnallen ist auch nicht möglich: Die Sicherheitsgurte hat der Hund des Hoteliers längst zu seinem Lieblingsspielzeug erklärt. Na ja, so etwas würde mir wohl nie einfallen. Signor Tinca erzählt und erzählt und erzählt. Über das Leben hier, die Schönheiten der Gegend und das verlassene Kloster San Benedetto, bei dem wir einen kurzen Halt einlegen. Natürlich ein Muss-Foto mit Aldo. Auf der Anhöhe liegt eine alte Burgruine, in deren Mauern sich der Agriturismo eingenistet hat. „Hätten wir das gewusst ...!“ Das denken wir uns natürlich nur in Anwesenheit von Aldo. Ein traumhaftes, eben renoviertes Feriendomizil in typisch umbrischem Stil. Drinnen feinstes Landhausflair mit offenem Kamin und insgesamt nur fünf Wohneinheiten. Draußen ein riesiger Swimmingpool samt Relax-Zone. Drumherum jede Menge Hühner, Enten, Ziegen und einige Katzen, die mich nicht einmal ignorieren. Sie seien an Hunde gewöhnt und hätten daher keine Angst. Angst bekommt hingegen mein Herrchen, als sich mir eine sehr alte und dem Anschein nach völlig verlauste, weiße Pudeldame nähert. Nichts wie weg!

Verabschiedung von Aldo, das Versprechen, gerne mal wieder zu kommen, und schon geht's bergab. Ein Gefälle von zwölf Prozent erleichtert den Marsch auf kleinen Güterstraßen und holprigen Naturwegen hinunter zum nächstgrößeren Ort Ponticello. Die Zeit verfliegt heute geradezu. Wir passieren Madonna di Montecchi, machen eine kurze Mittagsrast in einer wundervoll blühenden Wiese nahe Loreto, und schon nähern wir uns in der Ebene Ponticello. Eine *gelateria* zieht uns geradezu magisch an, und ein Zufall beschert uns eine Begegnung der anderen Art. Ich nehme sofort eine sehr vertraute Witterung auf, diesmal eine menschliche. „Pecorino, caro!" Sitzen doch ebendort auf der Terrasse Luigi und Ehefrau Monica. Zum allgemeinen Verständnis: Luigi ist ein ausgezeichneter Fotograf und Uraltfreund von Herrchen und mir. Wir haben vor einigen Jahren bei ihm in Perugia lange Zeit gewohnt, und er hat wiederum einige Monate bei Herrchen in Wien verbracht. Welch ein Zufall, oder war es doch göttliche Fügung? Die Freude ist jedenfalls groß. Luigi hat rund um Gubbio eine Fotoserie für ein italienisches Magazin geschossen und hier Lust auf das allseits bekannte Eis bekommen. Erlebtes wird ausgetauscht, die Kameras werden gegenseitig begutachtet, es wird auf höchstem Niveau gefachsimpelt, ich werde beinahe zu Tode gestreichelt, und schließlich wird ein gemeinsames Abendessen in Gubbio, unserem heutigen Etappenziel, vereinbart.

Noch sechs Kilometer bis Gubbio. Gestärkt und erfreut über diese Zufallsbegegnung geht es zügig die Ebene entlang. Herrchen erzählt währenddessen eine Geschichte, die ich längst vergessen hatte – oder verdrängt? Es war 2001, als wir bei ebenjenem Luigi in Perugia wohnten. Wir unternahmen mit ihm einen Ausflug nach Gubbio. Von einem Parkplatz kurz vor der Stadt bot sich eine unglaubliche Aussicht. Luigi stoppte, ich springe aus dem Auto, und genau in diesem Augenblick rollt ein riesiger Touristenbus an uns vorbei. Alles passierte in Sekundenschnelle. Ich bleibe am rechten Kotflügel hängen, und von diesem Moment an kann ich mich an nichts mehr erinnern. Erst wieder an Tonis entsetztes Schreien: „Man hat Pecorino überfahren!" Leicht benommen, aber bei Bewusstsein habe ich mitbekommen, wie mich Herrchen in Windeseile auf die Rückbank des Autos verfrachtete. Ich hatte ziemliche Schmerzen, die nicht exakt zu lokalisieren waren. Herrchen dachte schon, es sei die Wirbelsäule. Schneller als erlaubt raste Luigi zu einem Tierarzt in Gubbio. Es war Sonntag. Kurze Schilderung des Unfallhergangs, sanftes Abtasten meines ganzen Körpers, und schon lag ich auf dem Röntgentisch. Unangenehm, aber es musste sein. Allgemeines Aufatmen, als der Arzt die Diagnose stellte: Prellungen an der rechten Hüfte. Luigi hatte dem Tierdoktor mittlerweile meine Lebensgeschichte erzählt, und diesmal war der Promibonus eher lästig: Der Veterinär erstellte ein zweites, noch genaueres Röntgenbild. „Nur Prellungen! Etwas Ruhe, und in ein paar Tagen kann der Star wieder unbeschwert laufen und vor der Kamera stehen!" Bestimmt hat damals schon der heilige Franziskus seine schützende Hand über mich gehalten.

Gubbio liegt beeindruckend angeordnet an den Hängen des Monte Ingino vor uns. Schon im 2. Jahrhundert vor Christi Geburt wurde die alte Etruskerstadt erstmals erwähnt. Zunächst passieren wir aber vor den Toren das alte Teatro Romano. Weltweit das zweitgrößte noch erhaltene Amphitheater aus der Römerzeit. Man renoviert und baut gerade mal wieder, das riesige Areal ist umzäunt und somit für ein Fotoshooting unzugänglich. Je näher wir den alten Stadtmauern kommen, desto imposanter gestaltet sich die Silhouette aus unzähligen Palazzi, romanischen Bürgerhäusern und Kirchen auf dem langgezogenen Hügel. Heute ist Gubbio neben Assisi die Haupttouristenattraktion Umbriens. Früher war es eine der wichtigsten Handelsstädte am

Weg von Rom nach Ravenna. In der Stadtinfo erfahren wir so nebenbei, dass hier alljährlich der größte Christbaum der Welt entzündet wird. Im Guinness Buch der Rekorde kann man nachlesen, dass insgesamt 17 Kilometer Kabel Tausende von Glühbirnen erhellen.

Tre Ceri heißt unser Hotel. Es zu finden, gleicht einem Orientierungslauf. Dort, wo die Gassen kaum noch von zwei Personen nebeneinander zu begehen sind, direkt unterhalb der Stadtmauern, sehen wir schließlich das kleine Schild. An seine Größe angeglichen sind auch die Zimmer. Beziehungsweise das Zimmer. Zu dritt müssen wir mit einem dunklen 15-Quadratmeter-Raum vorlieb nehmen. Die Rucksäcke werden auf den beiden Betten gestapelt. Ich bekomme mein Fressen, diesmal italienisches Dosenfutter aus Pietralunga. Mir schmeckt's ausgezeichnet, aber meine Kumpane echauffieren sich über den ihrer Meinung nach ziemlich strengen Geruch im kleinen Gästekobel. Die Herren duschen, und blitzartig verlassen wir unsere düstere Unterkunft. Auf dem Weg ins alte Zentrum ist gut ersichtlich, dass der Kern von Gubbio lediglich aus fünf parallelen Straßen besteht, die in den Hügel terrassenförmig geradezu hineingeschlagen wurden. Vertikal werden diese Hauptstraßen durch zahllose kleine Gässchen und Treppenwege miteinander verbunden. Vorbei am Palazzo dei Consoli – natürlich ein Foto –, über die Piazza Grande – klick –, zur Piazza della Signora – klick – und schließlich noch eine Terrasse höher ein Foto vor dem Duomo aus dem 13. Jahrhundert. Die Stadt ist voll, die Abendsonne kräftig, die Auf- und Abstiege sind heftig. In den Schaufenstern der kleinen Geschäfte wird man alternierend mit Trüffelprodukten und Devotionalien des heiligen Franziskus konfrontiert.

Vor der Kirche San Giovanni kommt es wieder einmal zum Foto-Act der ganz besonderen Art: Herrchen will unbedingt, dass ich auf einen Baum vor der Basilika klettere. Das Licht sei so traumhaft und das Grün der Blätter und dann noch im Hintergrund diese schöne Kirche. Bin ich denn eine Katze? Man hievt mich ins Geäst. Passanten ahnen Schlimmes, können aber dennoch nicht davon ablassen, das eigenartige Schauspiel vom Hund im Baum für die Lieben zu Hause festzuhalten. Eine passable Menschenmenge hat sich versammelt. Es klickt und klickt am Vorplatz der Kirche. Heil wieder am Boden gelandet, bekomme ich diesmal sogar ein Hundestangerl als Belohnung. Nicht viel für einen Hochseilakt zwei Meter über dem heiligen Boden!

Endlich sind wir über einen anstrengenden Umweg dort angelangt, wo wir seit zwei Stunden hin wollten. Die Chiesa di San Francesco baut sich in schlichter Architektur, aber gewaltig vor uns auf. Die Kirche wurde auf den Grundmauern jenes Lagerhauses gebaut, das Federico Spadalungo, einem guten Freund des Heiligen gehörte. Hierher kam Franziskus, nachdem er sich von seinem Vater und dessen Reichtum losgesagt hatte. Bekleidet war er nur mit einem weißen Leinentuch. Noch interessanter für mich ist allerdings das überdimensionale Bronzedenkmal rechts neben der Chiesa. Es schildert eines der bekanntesten und zugleich legendären Erlebnisse des heiligen Franziskus. Eine Begebenheit, die nicht nur mich persönlich begeistert, sondern wegweisend für die Menschen sein sollte im Umgang mit uns Vierbeinern und für das Verständnis der eigenen Gattung: die Begegnung des Franziskus mit dem Wolf. Was den Autor sogleich dazu veranlasste – zum besseren Verständnis und zur Einstimmung auf das unverzichtbare Fotoshooting –, die komplette Geschichte zum Besten zu geben. Der Wolf von Gubbio, erzählt nach den Fioretti (Nr. 21), einer Legendensammlung aus dem 14. Jahrhundert:

Etwas Wunderbares, was des rühmenden Andenkens würdig ist, geschah bei der Stadt Gubbio. Da gab es nämlich zu Lebzeiten des seligen Vaters Franz in der Umgebung der Stadt einen Wolf von schrecklicher Größe. In seinem Hunger war er von grimmiger Wildheit und verschlang nicht nur Tiere, sondern auch Männer und Frauen, sodass sich niemand mehr getraute, unbewaffnet die Stadtmauern zu verlassen. Eine solche Panik hatte alle befallen, dass sich trotz der Waffen kaum einer sicher fühlte, wenn er über das Weichbild der Stadt hinausgehen musste. Der selige Franz, der gerade nach Gubbio kam, empfand Mitleid mit den Leuten und beschloss, dem Wolf entgegenzutreten. Die Bürger sprachen zu ihm: „Hüte dich, Bruder Franz, über das Stadttor hinauszugehen: Der Wolf, der schon viele gefressen hat, wird dich jämmerlich töten." Der heilige Franz aber setzte seine Hoffnung auf den Herrn Jesus Christus, und so schritt er, nicht mit Schild und Helm gewappnet, sondern unter dem Schutze des heiligen Kreuzzeichens, mit einem Gefährten vor das Stadttor und ging ohne Furcht dem Wolf entgegen. Und siehe, angesichts der vielen Menschen, die von erhöhten Orten aus zuschauten, rannte der schreckliche Wolf mit offenem Rachen auf den heiligen Franz und seinen Gefährten zu. Der selige Vater aber machte über diesen das Zeichen des Kreuzes, und die göttliche Kraft, die von ihm wie von dem Gefährten ausging, zähmte den Wolf. Franz rief ihn her und sprach: „Komm zu mir, Bruder Wolf! Im Namen Christi befehle ich dir, weder mir noch sonst jemandem einen Harm zu tun!" Und wunderbar, auf das Kreuzzeichen hin schloss das Untier den wilden Rachen, und wie der Heilige ihm geboten, kam es gesenkten Kopfes heran und legte sich gleich einem Lamm zu seinen Füßen.

Wie er so vor ihm dalag, sprach der heilige Franz: „Bruder Wolf, du richtest viel Schaden in dieser Gegend an und hast schlimme Übeltaten verbrochen, da du Gottes Geschöpfe erbarmungslos umgebracht hast. Und nicht nur Tiere tötest du, sondern, was noch schlimmer ist, du wagst es, Menschen, nach Gottes Bilde geschaffen, umzubringen und zu verschlingen! Darum verdienst du, dass man dich als Räuber und bösen Mörder einem schrecklichen Tod überliefert. Alle klagen mit Recht über dich und sind dir böse, und die ganze Gegend ist dir Feind. Aber jetzt, Bruder Wolf, will ich zwischen dir und den Leuten Frieden stiften. Es darf keinem mehr ein Leid von dir geschehen, und sie sollen dir alle vergangenen Missetaten erlassen, und weder Menschen noch Hunde sollen dich weiter verfolgen." Da gab der Wolf zu erkennen, dass er auf den Vorschlag einging, worauf der Heilige mit seiner Rede fortfuhr: „Weil du damit einverstanden bist, diesen Frieden zu schließen, verspreche ich dir: Ich will dir, solange du lebst, durch die Leute dieser Gegend deine tägliche Kost verschaffen. Du wirst keinen Hunger mehr leiden müssen; denn ich weiß sehr wohl, du tust alles Schlimme nur vom Hunger getrieben. Aber du musst mir versprechen, dass du nie wieder einem Tier oder Menschen ein Leid zufügst. Versprichst du das?" Der Wolf gab durch Kopfnicken deutlich zu erkennen, dass er einverstanden sei, und legte dem heiligen Franz zum Zeichen seiner Treue seine Tatze in die Hand.

Zuletzt sprach der Heilige: „Bruder Wolf, nun komm ohne Bangen mit mir zu den Häusern der Menschen, damit wir im Namen des Herrn diesen Frieden besiegeln!" Und der Wolf gehorchte und folgte dem heiligen Franz gleich einem sanften Lamme. Wie das die Leute sahen, waren sie aufs Höchste verwundert und liefen alle, Männer und Frauen, Groß und Klein, auf dem Marktplatz zusammen, wo sich der Heilige mit dem Wolf befand. Vor der Menge des Volkes sagte der heilige Franz: „Höret denn, meine Lieben, dieser Bruder Wolf, der vor euch steht, hat mir versprochen, dass er Frieden mit euch schließen will. Niemandem von euch wird er ein Leid tun, sofern ihr ihm versprecht, für seinen täglichen Unterhalt aufzukommen. Ich verbürge mich für Bruder Wolf, dass er den Friedensvertrag getreulich achten wird." Da versprachen alle Versammelten mit lautem Zuruf, sie wollten fortan den Wolf ernähren. Und der Wolf lebte noch einige Jahre und ließ sich von Tür zu Tür die Nahrung geben, ohne jemandem ein Leid zu tun; und auch die Leute taten ihm nichts und fütterten ihn freundlich. Und sonderbar, nie bellte ein Hund gegen ihn. – Zu Lob und Ehren des Herrn Jesus Christus.

Mag schon sein, dass es sich nur um eine Legende handelt, obwohl doch in der Chiesetta dei Muratori in einem kleinen Schrein die Gebeine jenes Wolfes, des berühmtesten Bürgers der Stadt, aufbewahrt werden. Acht Jahrhunderte nach dieser beeindruckenden Parabel über Gewaltlosigkeit und gemeinschaftliches Miteinander – Basis und Wesen der franziskanischen Friedensarbeit – macht sich die Welt und jeder Einzelne von uns leider nur noch selten Gedanken über die weisen Worte des Heiligen. Der *canis lupus* hat wieder seinen Schafspelz angelegt. Die Krisen-, Kriegs- und Hungergebiete dieser Welt sind nicht weniger geworden, und in Rathäusern und Parlamenten diskutiert man über „Hundeführscheine". Vielleicht sollte man ab und zu wieder etwas tiefer in sich hineinhören und auch das registrieren, was wir Tiere euch Menschen vermitteln wollen. Was uns alle verbindet und dass wir nur gemeinsam überleben können auf diesem schönen, geschundenen Gottesplaneten.

Ich hoffe, mit meinen Fotos am Monument des Franziskus mit dem Wolf einen kleinen Denkanstoß geben zu können. Jedenfalls fühle ich mich sehr geehrt, meine Pfote neben die mächtige Tatze meines Vorfahren auf das Knie unseres Schutzpatrons, der nicht nur ein Hunde- und Wölfeversteher war, legen zu dürfen.

Nun ist es aber wirklich Zeit für das Treffen mit Luigi und das ersehnte Abendessen. Herrchens Freund und seine Frau Monica erwarten uns schon auf der Terrasse des Ristorante All' Antico Frantoio, einem bekannten Gourmettempel der Stadt. Die bunten Sonnenschirme mit den fetten Werbelettern täuschen; spätestens beim Blick in die Speisekarte beginnt das Herz eines jeden Feinschmeckers zu lachen. *Tartufi* in allen Variationen und, was natürlich die Anwesenden in hämisches Gelächter versetzt, *pecorino* in allen nur erdenklichen Zubereitungsformen. *Pecorino Vinaccio, Pecorino Umbri-*

accio, Pecorino di Fossa, Pecorino alla Cenere etc. etc. Da komme ich mir schon etwas eigenartig vor, wenn unter all diesen Schafkäsesorten zwischendurch auch mal mein Name fällt. Herrchen, damals der italienischen Sprache noch nicht so mächtig, hat sich kaum Gedanken darüber gemacht, wie es ist, als markengeschützte italienische Käsesorte durch die Welt zu tingeln. Egal, ich bin trotzdem stolz auf meinen Namen, der mich noch mehr zu einem ganz besonderen Hund macht. Ist man auf dem Ego-Surf-Trip und gibt den Begriff „Pecorino" in die Suchmaschine Google ein, so erscheint unter „pecorino hund" meine Wenigkeit. Das muss man sich erst einmal erarbeitet haben!

Elfte Etappe: Gubbio bis Valfabbrica 30 km

Heute ist Herrchen hyperaktiv. Eine lange Wegstrecke liegt vor uns, und einige Motive in Gubbio wollen noch fotografiert werden. Es ist sechs Uhr morgens. Er duscht schon, da höre ich plötzlich einen gellenden Schrei aus dem Bad, dem ein verärgertes Schimpfen folgt. Er hat sich aus unerklärlichen Gründen die Schulter verrissen. Na bravo! Da aber ein Anzenberger keinen Schmerz kennt, vertuscht er den Vorfall, und wenig später verlassen wir zielstrebig das Minizimmer. Natürlich nicht ohne vorher den Schreiber geweckt und ihm mitgeteilt zu haben, dass wir in einer Stunde abreisebereit in der Lobby warten würden.

Abmarsch um 7.30 Uhr. Knappe 30 Kilometer liegen bis Valfabbrica vor uns. Morgen folgt die finale Etappe, das bedeutet Motivation, Befriedigung und Wehmut zugleich. Das Pilgern wird uns fehlen. Doch bevor wir noch den alten Mauerring um die Stadt verlassen können, kommt uns aus allen Zufahrtsstraßen eine regelrechte Armada von kleinen, süßen Oldtimern entgegen. Buckelig, surrend, Nostalgie pur, putzig anzusehen. Der italienische Cinquecento Club hat an diesem Wochenende zu einer internationalen Sternfahrt nach Gubbio geladen. Hunderte der kleinen Fiat-Automobile sind der Einladung gefolgt. Ein roter 1960er aus Hamburg, ein schwarzer, getunter 500er aus Roma, ein weißer aus den 1970er-Jahren, mit riesigem Koffer um das winzige

Hinterteil geschnallt. Geschätzte 200 Fahrzeuge nehmen am heutigen *corso* teil. Da muss ich dabei sein! Diese *occasione* hat man nicht jeden Tag, Valfabbrica muss warten.

Es hat sich gelohnt. Kleine, quirlige Oldtimer vor großen, antiken Kulissen und mittendrin Pecorino. Drei Männerherzen kommen ins Schwärmen. Ein Blick auf die Uhr lässt dann die Euphorie abklingen und Schlimmes erahnen. Ein weiterer in Herrchens Gesicht noch viel Schlimmeres: Es ist schmerzverzerrt. So kenne ich den harten Kämpfer gar nicht. Seine Nackenpartie weist eine leichte, gleichmäßige Rötung auf, sein Gang mit dem schweren Rucksack ist unrhythmisch und asymmetrisch. „Toni, so geht das nicht, lass uns doch ein Taxi nehmen! Es ist ohnehin schon Mittag", tönt der wohlklingende Vorschlag aus des Autors Mund. Manchmal hat er ganz brauchbare Ideen. Herrchen wehrt sich, überlegt zaudernd und willigt schließlich missmutig ein. „Zumindest die halbe Strecke. Morgen gehen wir dann ganz sicher die komplette, letzte Etappe. Jeden Meter!", beruhigt der Schreiber. Gut, morgen werden es ohnehin nur noch 16 Kilometer sein. Pflichtkilometer!, das verlangt die Pilgerehre von uns, das werden wir schaffen. Dass Gubbio ein Zentrum des internationalen Tourismus ist, merken wir auch, als uns der Taxler den Preis für die knapp 16 Kilometer zum Eremo San Pietro in Vigneto nennt: 34 Euro. Ich will mir gar nicht ausmalen, wie viel das in Schilling oder gar Lire einmal war. Was bleibt uns übrig? Herrchen ist mittelschwer lädiert und leidet. Über Ponte Assisi geht's bergauf und wieder bergab zum Eremo. Zwei Euro pro Kilometer, aber mindestens vier Gehstunden und viele Schmerzen erspart. Das sollte die allerletzte

Schummelfahrt wohl wert sein. Der heilige Franz mag es uns verzeihen. Mir geht es ausgezeichnet, Herrchen dem Anschein und Gesichtsausdruck nach wesentlich besser. Der Eremit, Padre Basilio, der das jahrhundertealte Kloster völlig alleine bewirtschaftet, hält heute die mächtigen Holztore geschlossen. Am Brunnen vor der alten Einsiedelei füllen wir noch schnell die Flaschen mit ausgewiesenem Trinkwasser. Wir werden es brauchen, es ist ziemlich heiß. Guten Mutes umwandern wir die verfallenen Mauern und folgen dem stetig bergab gehenden Pfad.

Tonis Rücken hat sich weitgehend regeneriert, und er beginnt völlig unvermittelt, vom neuen Kalender zu schwärmen. „Das wird ein Meisterwerk!" Wie jedes Jahr wird es auch heuer wieder einen Pecorino-Fotokalender geben. Mittlerweile eine schöne Tradition. 2011 kommen sogar zwei heraus: ein großer und ein kompakter Tischkalender mit 365 Fotos. Pecorino für jeden Tag! Manche können eben nicht genug von mir bekommen; ich kann's verstehen.

Kein Wunder, dass ich immer wieder erkannt werde. Snoopy, Lassie, Rex – der menschliche Alltag ist, seit es Massenmedien gibt, von unsereinem geprägt. Als Zelebrität muss man eben damit leben, erkannt zu werden. Seien es die Kärntner Pilger vor wenigen Tagen oder die italienischen Touristen in Kopenhagen, als ich vor der glitschigen Meerjungfrau posierte. Diesbezüglich war eines der Highlights die große Pecorino-Ausstellung im Palais Palffy in Wien vor acht Jahren. Dort, wo sonst große Meisterwerke der Kunst Massen anlocken, durfte ich die Öffentlichkeit mit meinen Fotos beeindrucken. Allein der Abend der Vernissage war ein Erlebnis für sich. Menschen über Menschen, TV-Kameras und Pressefotografen buhlten geradezu um mich. Die Fans wollten Pfotenautogramme auf meine Kalender und in meine Bücher. Ein gutes Geschäft für Herrchen und Balsam für meine Seele. Was mir von diesem legendären Abend aber am meisten in Erinnerung geblieben ist: die Begegnung mit Cora. Einer wunderschönen und sehr aktiven Retriever-Hündin, flat coated – also nachtschwarz wie meine Stempelkissenpfoten. Sie durfte als einziger Fremdhund die ehrwürdigen Räumlichkeiten des Palais betreten. Ihr Frauchen, ORF-Moderatorin Carolyn, führte mit wohlwollenden Worten durch den Abend. Cora blinzelte mich an, es war Liebe auf den ersten Blick. Die Vernissage wurde somit auch zwischenhündisch ein voller Erfolg.

Tage später machten wir eine gemeinsame Wanderung auf den Kahlenberg bei Wien, und Herrchen wagte einen Versuch, den er bislang nur noch einmal, mit Jessie, der Mutter meiner Kinder, zugelassen hatte: Er fotografierte uns gemeinsam. Black and White. Dass die Fotos dann doch nicht veröffentlicht wurden, hatte genau zwei Gründe: Einen schwarzen Hund zu fotografieren, noch dazu neben einem weißen, ist im Grunde unmöglich, und wenn dieser Hund dann auch noch so agil und quirlig wie Cora ist … Nicht jeder Hund kann eben ein Model sein. Was mit einem Foto-Act begann, mündete schließlich in eine jahrelange Hundefreundschaft. Mehr konnte nicht sein, denn das Weibchen war kein richtiges Weibchen mehr, und es blieb beim Herumbalgen. Meine liebste Cora gibt es leider nicht mehr, sie wurde vor drei Jahren vergiftet. Das Leben ist eben ein Kommen und Gehen.

Plötzlich werde ich von Herrchen in die Realität zurückgeholt und an meine Aufgabe als Model erinnert. Eben passieren wir den Lago di Valfabbrica, einen riesigen Stausee, der eine reizvolle Fauna und Flora an seinen weitläufigen Ufern ermöglicht. Klick. Ein paar Landschaftsfotos, und schon erreichen wir die Ortschaft. Valfabbrica ist wenig spektakulär. Neue 1970er-Jahre-Stahlbetonbauten stören empfindlich den mittelalterlichen Kern rund um die Überreste der Benediktinerabtei Santa Maria in Vado Fabricae. In der Villa Verde kommen wir unter, einem einfachen Quartier. Aus dem Zimmerfenster lässt sich ein Wegweiser ausmachen: „Assisi 21 chilometri"; Straßenkilometer. Erstmals hat es der Pilger besser und direkter: Laut Querfeldein-Karte haben wir nur noch 16 vor uns. Alle sind wir müde. Morgen werden wir noch einmal, ein letztes Mal, unser Bestes geben und am Ende des Tages das Ziel unserer Pilgerreise erreichen. Mit den Gedanken schon in Assisi werden meine Augen kleiner und kleiner. *Buona notte!*

Vergebene Liebe: Mit Freundin Cora am Kahlenberg in Wien

Zwölfte Etappe: Valfabbrica bis Assisi 16 km

Elf Tage lang hatten wir den täglichen Weg zu unserem Ziel gemacht. Jetzt haben wir nur noch das Ziel vor Augen, denn der Weg ist fast zu Ende. Die verbleibenden 16 Kilometer sind beinahe Nebensache. Routine. „Wer mein Jünger sein will, der verleugne sich selbst, nehme täglich sein Kreuz auf sich und folge mir nach." Gottes Auftrag aus dem Lukas-Evangelium hatte der heilige Franziskus zum Lebensprogramm erhoben. Wir werden heute unserer Mission, Assisi wohlbehalten auf San Francescos Spuren zu erreichen, gerecht werden. Fast 300 Kilometer haben wir zurückgelegt. Nicht immer ganz im Sinne des Franziskus: „Nehmt nichts mit auf den Weg, keinen Wanderstab und keine Vorratstasche, kein Brot, kein Geld und kein zweites Hemd." Wir waren voll bepackt, haben es uns an nichts fehlen lassen, ab und an etwas gemogelt. Und dennoch haben meine beiden Begleiter und ich uns dem Wesen der franziskanischen Lehre angenähert und damit uns selbst – jeder für sich. Mein Lebensfilm ist durch all die Ereignisse wie im Zeitraffer noch einmal in meinem Kopf abgespult worden. Trotz der permanenten Dreisamkeit war es für jeden von uns eine sehr persönliche Zeit. Eine anstrengende, eine lustige und eine stille Zeit des Pilgerns, des In-sich-Schauens, letztlich ging es darum, sein eigenes Ziel zu erreichen. Ich habe in den zwölf Tagen für mich viel mehr erreicht, erfahren und mitgenommen, als man in Wort und Bild auszudrücken vermag. Eine ganz eigenartige Wehmut stellt sich ein, als wir das Hotel verlassen. Der Himmel ist bewölkt. Morgen werden wir dieses außergewöhnliche Abenteuer beendet haben. Beinahe will man den Weg verlängern, weitergehen und weitersinnieren – kein Ziel erreichen.

Wir wandern los, lassen Valfabbrica hinter uns, vorbei an Schafherden auf saftigen Wiesen, die heute noch viel grüner erscheinen. Wir werden von aufgeregtem Schnattern begleitet, als wir eine Gänsezucht mit Hunderten Tieren passieren. Die letzte große Steigung auf einem verwachsenen Hohlweg durch den Wald hinauf in Richtung Pieve San Nicolo, ein Foto in der gelb blühenden Flora am Waldesrand, und plötzlich tut sich ein unglaublich schönes, ergreifendes Bild in der Ferne auf: die gewaltige Festungsanlage von Assisi am Fuße des Monte Subasio. Zum Greifen nahe. Es wird still, wir stehen nur andächtig da und staunen demütig. Ist es die spürbare Spiritualität dieser heiligen Stadt, ist es die Last des langen Weges, die in der Sekunde von uns abfällt, oder einfach nur der wunderbare Anblick dieser beeindruckenden Kulisse, die seit 2000 zum UNESCO-Weltkulturerbe zählt? Wir haben es geschafft. Strahlen macht sich in den Gesichtern meiner Mitpilger breit. Vor lauter Euphorie bekomme ich ein saftiges Hundestangerl und den verdienten Schluck Wasser. Kurze Rast, viele Fotos und weiter geht's. Leider bergab, denn somit verschwindet das gerade noch nahe Ziel schon wieder hinter dem nächsten Hügel. Noch fünf Kilometer. Assisi taucht wieder am Horizont auf, noch näher, noch imposanter. Schon wieder geht's sanft bergab. Das Versteckspiel beginnt von Neuem. Die Mittagssonne sticht durch den von Wolken durchzogenen Himmel.

Braut sich etwa auf den letzten Kilometern ein Gewitter zusammen? Es riecht förmlich nach Regen. Elf Tage ohne einen einzigen Tropfen und jetzt im finalen Endspurt doch noch? Ich hätte nichts gegen eine nasse Abkühlung einzuwenden, und meine Kumpane könnten endlich ihre unbenützten, funkelnagelneuen Regenjacken auf ihre Funktionalität testen.

Wir gehen über die Ponte di Santa Croce. Genau hier hat Franziskus dereinst, von einer der zahlreichen Reisen aus dem Norden kommend, ebenfalls den Fluss überquert. Genau hier sind es nur noch zwei Kilometer, also 2000 Meter, bis Assisi. Wir wandern gemütlich entlang der Via Padre Pio. Der Namensgeber war ein Kapuzinermönch und ist einer der populärsten italienischen Heiligen der Neuzeit. Pater Pio hatte die Gabe des Heilens und der Prophetie, auch bei ihm zeigten sich Stigmata – acht Jahrhunderte nach Franziskus. Der 1968 verstorbene Geistliche wurde 2002 von Papst Johannes Paul II. heilig gesprochen. An der Weggabelung ragt seine riesige Statue in den Himmel. Blumen, Kränze, Kerzen und allerlei Devotionalien-Spenden säumen den Sockel und zeugen von der Beliebtheit des Padre. Er ist nicht legendenumwoben, man kannte ihn noch, hat ihn leibhaftig erlebt. Ein Heiliger zum Angreifen. Was uns drei allerdings bei aller Wertschätzung noch mehr beeindruckt: Direkt über uns erheben sich am nördlichen Hang des Monte Subasio die mächtigen Mauern unseres Zieles, des riesigen *sacro convento*, des Klosterbezirks von Assisi. Ein Katzensprung für einen Hund! Herrchens Schritte werden länger und schneller. Die Nordic-Walking-Stockeinsätze des Autors auf der asphaltierten Zufahrtsstraße sind energisch und weit hörbar. Es hat nun doch nicht geregnet, die Luft ist schwül, und die Sonne sticht beinahe unerträglich auf uns herab. Diese letzte, schmale Serpentinenstraße hin zur Porta San Giacomo, einem der acht erhaltenen Befestigungstore, sollte man nicht unterschätzen: ihrer Steilheit wegen, aber vor allem wegen der Autokolonnen, die sich rauf- und runterwälzen. Wir befinden uns leider nicht mehr im 13. Jahrhundert. Die letzten paar hundert Meter erweisen sich somit als echte und letzte Bewährungsprobe auf unserer langen Pilgerreise. Der Autor wird langsamer und langsamer, Toni immer schneller.

„Assisi" – wir passieren das offizielle Ortsschild unseres Pilgerzieles. Vor Glück strahlend und sichtlich erleichtert postiert mich Herrchen sofort vor dieses denkwürdige Motiv. Völlig erschöpft quält sich mein Schreiber die letzten Meter zu einer Holzbank in unmittelbarer Nähe des monumentalen Stadttores. Ich flüchte in den Schatten unter der Bank. Die allerletzten Wasserreserven sind aufgebraucht. Der Autor, schweißgebadet, besteht auf eine längere Rast und einen Wechsel seines T-Shirts, bevor wir die heilige Stadt betreten. In diesem Zustand könne er das Ziel des Weges nicht betreten. Erst nach einigen Minuten der stillen Einkehr sowie der physischen und psychischen Regeneration realisieren wir, was sich rund um uns abspielt. Massen von Touristen strömen in die und aus der Stadt. Eine deutsche Gruppe sucht lärmend und planlos nach dem nahen Busparkplatz. Japaner knipsen einander vor dem Tor. Eine Italienerin kommt aufgeregt auf uns zu, um meinen Namen und den schnellsten Weg zu San Francesco zu erfragen. „Pecorino" und „Mi dispiace", lauten die knappen Antworten. Meine Begleiter wirken etwas überfordert, erschöpft, aber glücklich. Aus und vorbei ist es mit der Stille, der Ruhe und der Einsamkeit des Pilgerdaseins der vergangenen zwölf Tage. Was nun folgt, ist ein regelrechter Kulturschock und Zivilisations-Flash zugleich. Der brutale Alltag hat uns mit all seinen touristischen Auswüchsen eingeholt. Emsige Reiseleiter, profitgierige Trinkwasserverkäufer, unmutige Lieferanten und eben Scharen von internationalen Touristen drängen sich durch das schmale Tor. Nur Pilger sehen wir keine hier am Ziel in der Hochburg des franziskanischen Geistes. Pilgern sind wir auch auf dieser letzten Etappe nicht begegnet. Eigenartig. Ja, man wird geradezu als bemitleidenswerter Exot angestarrt, wenn man sich hier mit Rucksack und Wanderstock durch die engen, gepflasterten Gassen bewegt. Sei es drum. Wie es sich für aufrechte Pilger gehört, führt uns der erste Weg direkt zu San Francesco, der Grabstätte des Heiligen, dessen Spuren wir nun 300 Kilometer lang gefolgt sind, dessen Geist zwölf Tagesmärsche stets mit uns war.

Inmitten des Klosterdistrikts ragt sie empor, die Basilika San Francesco. Beeindruckend. Ein architektonisches Kunstwerk, bestehend aus drei übereinander gebauten Kirchen: der gotischen Oberkirche, der romanischen Unterkirche und tief in den Berg eingelassen der Krypta mit der Grablegungsstätte des Heiligen. Ein Eldorado für jeden Kunsthistoriker. Ein feierlicher Moment für jeden Gläubigen. San Francesco gehört als Basilica Maior zu den sieben ranghöchsten Gotteshäusern der christlichen Welt. Das kann man sehen und spüren. Ein Hauch von Ewigkeit und göttlicher Schöpfung liegt über dem Ziel aller Franziskuspilger. Unser Staunen, unsere Ergriffenheit, aber auch unsere Erschöpfung muss in diesem Moment festgehalten werden. Bei mir wird sich wohl nichts Wesentliches ändern, Hundefell bleibt Hundefell, aber meine Begleiter wollen als Beweis und Erinnerung ein letztes Mal im verschwitzten Pilger-Outfit mit mir gemeinsam vor der heiligen Stätte abgebildet werden. Dafür gibt Toni sogar seine heiß geliebte Canon kurzfristig aus der Hand und vertraut sie einem Fremden an. Es ist ein Kanadier, der dieses wichtige, wahrscheinlich einmalige Foto von uns schießt. Zweimal, dreimal und noch einmal – „Just to make sure!"

Jetzt beginnt für uns ein anderer Rhythmus, ein touristischer, wenig beseelt von hohen geistigen Zielen. Zwar sind wir letztmals auf Herbergssuche, doch mit Almosen darf man hier als „Gotteswanderer" nicht mehr rechnen. Assisi ist bei aller sicht- und fühlbaren Spiritualität zu einer veritablen Einnahmequelle des mittelitalienischen Fremdenverkehrs geworden. Der Pilger mutiert zum Rucksacktouristen. Am Weg zur Touristeninfo auf der Piazza del Comune wird uns klar, wie profitabel die Geburtsstadt heute mit den Visionen, Lehren und dem Nachlass ihres berühmtesten Sohnes umgeht. Franziskus ist omnipräsent, in allen Größen und Materialien: geschnitzt aus Holz, aus Metall, aus Plastik. Der Werkstoff bestimmt den Preis. Sein Konterfei mit oder ohne Wolf; Vögel oder Stigmata zieren T-Shirts ebenso wie Regenschirme, Grappa-Flaschen, Postkarten und Aschenbecher. Das Tauzeichen hat sich längst zur gewinnbringenden Trademark entwickelt.

Im Verkehrsbüro empfängt man uns freundlich. Die Preislisten der Hotels sind dem Ansturm der Besucher angepasst. Der Autor besteht auf Luxus, endlich einmal noch für eine Nacht unter einem „Fünf-Sterne-Himmel" schlafen – als Belohnung für die Entbehrungen. Herrchen und die wohlfeilen 460 Euro sprechen dagegen. Ich liege gerade ganz entspannt auf dem kühlenden Mosaikboden, als mich Anna, die hübsche Signora vom Tourismusbüro, entdeckt. Zwar lächelt sie mich an, aber es ist etwas Mitleidiges in ihrem Blick. Der Grund: In der Stadt des Schutzheiligen der Tiere sieht man Hunde nicht so gerne – vor allem nicht in guten Hotels. Die dadurch beschränkte Wahl fällt schließlich auf das Hotel Sole. Ein kurzes Telefonat gibt Sicherheit, dass auch ich willkommen bin. Zwei Sterne, aber dafür nur drei Gehminuten entfernt, mitten im Zentrum. Eine gute Wahl, auch für die Brieftasche. Zwei wunderschöne Zimmer im letzten Stock mit Blick auf den Corso Mazzini. Und, was für meine Begleiter noch wichtiger war, eine riesige Duschkabine, die sofort in Betrieb genommen wird. Saubere Kleidung, eine Flasche kühles Mineralwasser und für mich wahrscheinlich die letzte Dose vom italienischen Hundefutter. Zufriedenheit und Stolz stellen sich ein. Die Akku-Ladestationen für die Kameras und die bislang selten aktivierten Mobiltelefone werden installiert. Die minderen Pilger sind nun endlich wieder auf den Hightech-Daten-Highway abgebogen. Zurück in die Realität. Man muss doch berichten, dass man es geschafft hat, und man kann es auch, denn in Assisi funktioniert so ziemlich jeder Mobilfunkbetreiber mit Highspeed. Ob man im fernen Wien nachvollziehen kann, welch großer Felsen uns hier vom Herzen gefallen ist, sei dahingestellt. Doch man freut sich telefonisch mit uns und auf ein baldiges Wiedersehen.

Zur Feier des Tages werde ich sogar gebürstet – erstmals auf unserer Reise. Kein Wunder, machen wir uns doch jetzt auf den Weg zum finalen Höhepunkt unserer Mission. Nun wollen wir den ultimativen Beweis, dass wir es geschafft haben – und das schriftlich. „L'Assisiana", die offizielle Pilgerurkunde, sollte schon im Ufficio San Francesco auf uns warten. Ich lege ja im Allgemeinen keinen gesonderten Wert auf Auszeichnungen und Pokale. Herrchen auch nicht. Niemals haben wir an Fotowettbewerben oder Schönheitskonkurrenzen teilgenommen. Falsch! Ein einziges Mal doch: bei einem internationalen Fotokalender-Wettbewerb in Stuttgart vor einigen Jahren. Allerdings hatte damals Tonis Verleger und Herrchen meines Sohnes Klein Pecorino ohne unser Zutun und Wissen eingereicht. Fazit: Wir haben natürlich den ersten Platz errungen. Nur, diese ganz spezielle Urkunde, die möchte heute auch ich haben. Weil sie ein Zeitzeugnis ist, weil ich lange genug dafür gelaufen bin und weil ich der erste Hund wäre, der sie bekommt.

Hier vor der letzten Station eines jeden Assisi-Pilgers herrscht reges Treiben. Gleich links neben der Unterkirche befindet sich das Ufficio Assisiana, wo man den ersehnten letzten Stempel in den Pilgerpass und anschließend die Urkunde bekommt. Wir sind im Zentrum des franziskanischen Glaubens: Klosterschwestern, nicht nur vom Orden der Klarissen, stehen in der langen Schlange vor dem Haupttor der Unterkirche. Eine Gruppe italienischer Pfadfinder tritt den mehr oder minder wohlgeordneten Aufstieg über die steile Treppe zur Oberkirche an. Hunderte Kameras klicken und surren. Touristen aus aller Herren Länder, wohin man schaut. Doch wir, wir sind etwas ganz Besonderes. Wir sind nicht mit einem Autobus herangekarrt worden, wir haben den Geist des Heiligen länger und näher erfahren wollen und dürfen, wir sind gegangen. Ganz nebenbei: Meine Pfoten sind in bester Verfassung, Herrchens Schulter hat sich erholt, und die gerade noch akute Erschöpfung des Schreibers hat sich in Wohlbefinden aufgelöst. Jetzt aber rein. Den meisten Anwesenden geht es hier weniger um die Beurkundung ihrer Pilgerschaft auf feinem Pergament als um Infomaterial über die Basilika. Auch uns sieht man es, frisch geduscht und ohne Rucksack, kaum noch an, dass wir eben mal 300 Fußkilometer hinter uns gebracht haben. Nur die Pilgerpässe, die Herrchen gerade dem Padre reicht, liefern den Beweis. Fragen werden erst gar nicht gestellt. Die Zeit ist zu knapp, die Reihe Wissbegieriger hinter uns zu lang. Der Padre reduziert die Kontrolle auf das Nachzählen und Überprüfen der Tagesstempel und gibt unsere Namen in den Computer ein. Unromantisch! Eine Spur feierlicher dann der Moment, in dem er uns das Dokument überreicht. Auch zu mir bückt er sich, streichelt mich und zeigt mir meine ganz persönliche Urkunde, auf der in alten Lettern die entscheidenden Worte stehen: „L'Assisiana testifica che Pecorino (cane) ha percorso a piedi, in devoto pellegrinaggio, i sentieri francescani e ha visitato le Basiliche Papali di San Francesco in Assisi …" – Unterschrift und Siegel des Priors von Assisi, aber zusätzlich bestätigt von Seiner Heiligkeit, Papst Benedetto XVI. Das war's.

Ja, ich habe es geschafft, und ich bin der erste Hund in der Geschichte des *cammino*, der diese Assisiana ausgestellt bekommen hat. Wir haben es geschafft! Schade, dass ich das Pergament nicht fotogerecht in die Kamera halten kann, das wäre wohl zu viel der Inszenierung. Erwähnt sei noch, dass ich einen bestätigten Passus der Urkunde leider nicht hatte erfüllen können: Keine Hunde in der Basilika San Francesco! Herrchen und der Autor durften nacheinander Spiritualität und Schönheit dieser gigantischen Kirche leider nur ohne mich ausgiebig genießen. Weder vor dem Grabmal des Heiligen noch unter den berühmten Giotto-Fresken wurde ich so im Bild festgehalten. Was soll's, die Assisiana und all das Erlebte habe ich, das kann mir keiner mehr nehmen.

Dafür gab es etwas später nicht nur ein pompöses Abendessen mit Freund Luigi, der aus dem nahen Perugia angereist war, um mit uns den Triumph zu feiern, sondern noch ein üppiges Fotoprogramm vor allen, wirklich allen Sehenswürdigkeiten dieser glanzvollen Stadt. Jener bedeutenden Pilgerstätte der Katholiken, die wir uns vor zwölf Tagen als weit entferntes Ziel gesetzt hatten, das wir nun mit einem inneren Glücksgefühl erreicht und von oberster Stelle auch urkundlich bestätigt bekommen haben. Morgen geht es zurück nach Wien. Zu früh, wie uns allen scheint. Es wird mir fehlen, das Wandern, das Herumlaufen in der unberührten Natur. Natürlich habe ich meinen Garten und den Wienerwald in Pressbaum, natürlich werden Herrchen und Frauchen Christina mit mir ausgedehnte Tagesausflüge in die Berge unternehmen, aber es wird anders sein.

Ausgelassen und fröhlich ist die Stimmung, als wir an der Hotelbar noch einen letzten Gute-Nacht-Drink nehmen. Für mich gibt's zum Wassernapf schon wieder ein leckeres Hundestangerl. Der Geist des Franziskus hat meine Mitpilger vollends beseelt! Ich werde verwöhnt wie selten zuvor.

Zwölf Tage zu pilgern, 300 Kilometer zu Fuß zu laufen – abgesehen von einigen wenigen Teilstrecken –, das hinterlässt

Spuren, bei Mensch und Hund. Erlebnisse und Eindrücke, die nachhaltig wirken. Zwar haben weder ich noch meine Mitpilger Gott gesehen, auch keinen brennenden Dornbusch, oder andere Erscheinungen gehabt, aber wir haben das Leben und Wirken des Franziskus auf einem Teilstück seines Weges direkter und authentischer nachvollziehen können. Wir haben die wunderbare Natur dieser drei mittelitalienischen Regionen mit anderen Augen wahrgenommen, wir können nun Höhenmeter auch in körperliche Qualen umrechnen, haben physische und psychische Herausforderungen angenommen und bewältigt. Es war weit mehr als ein langes Gassi-Gehen. Herrchen hat sich professionell austoben können. Der Autor ist im wahrsten Sinne des Wortes über seine Grenzen „gegangen", hat sie überschritten, und wir haben alle drei auch Verzicht und Demut gelernt. Ein großer Schritt in der heutigen, konsumorientierten und oberflächlichen Welt. Eine gute Erfahrung für uns alle.

Doch vor allem ich habe mein Ziel erreicht: Ich wollte Herrchen beweisen, dass ich auch im Alter von zwölf Jahren noch lange nicht zu alt oder zu verbraucht bin, um als Modell vor der Kamera zu stehen. Das ist hiermit in Wort und Bild bewiesen. Franziskus sei Dank! Herrchen glaubt nun wieder an mich. Somit haben wir uns dem Glauben einen großen Schritt genähert, dem Glauben an ein Ziel, an uns und an Gott. Ohne den Franziskusweg hätten wir dieses Ziel nie erreicht, also ist doch der Weg das Ziel.

Pax et bonum.

Pecorino meets Michelangelo: Vor dem Kopf des berühmten David in Caprese

In Stein gemeißelt: Als Statue im Innenhof des Geburtshauses von Michelangelo Buonarroti

Blütenpracht: Endlich haben wir das schönste Mohnblumenfeld gefunden.

Pilger-Alltag: Auf einer der vielen Schotterwege mit meinem Autor, nahe Sansepolcro.

Wasserratte: Abkühlung im Tiber. Wasser kann man hier nicht genug genießen.

Verirrt: Suche nach dem rechten Weg mit dem Autor
im Auwald-Dickicht des Tiber-Ufers

Graffity-Posing: Künstlerisch rosten alte Eisenbahnwaggons
im Bahnhof Sansepolcro vor sich hin.

Beauty-Auswüchse: Lieber Pilger und Fotohund als Model
für diesen Hunde-Schönheitssalon!

La Donna: Heißer Nachmittag vor dem „Denkmal für die Frau“ in Sansepolcro

Rosige Zeiten: Rosenpracht an der Stadtmauer von Città di Castello

Der Pate: Trotz seines mafiosen Aussehens war Taxler Bruno ein ganz lieber!

Pax et Bonum: Begegnung mit den echten Pilgern Vittorio, Anselmo und Achille (r.)

Der mit den Wölfen spricht: In Gubbio hat Franziskus wilde Wölfe friedvoll bekehrt.

Hoch hinaus: Ja, ich wollte diesen Olivenbaum in Gubbio wirklich erklimmen!

Quellfrisch: Nur selten findet man am Cammino natürliche Quellen und Brunnen.

Erfolgserlebnis: Es ist nicht mehr weit! Rechts taucht in der Ferne Assisi auf.

Franziskus 2010: Ein Bettler als „minderer Bruder“ in den Gassen von Assisi

Glücklich erschöpft: Am Weg in die Basilika, um die *Assisiana* in Empfang zu nehmen

Geschafft: Nach 300 Kilometern vor der wundervollen Basilika San Francesco

Der Weg war das Ziel: Finales Posing vor der beeindruckenden Kulisse von Assisi

Pilger-Trio: Autor Claudio, Herrchen Toni und ich vor der Basilika

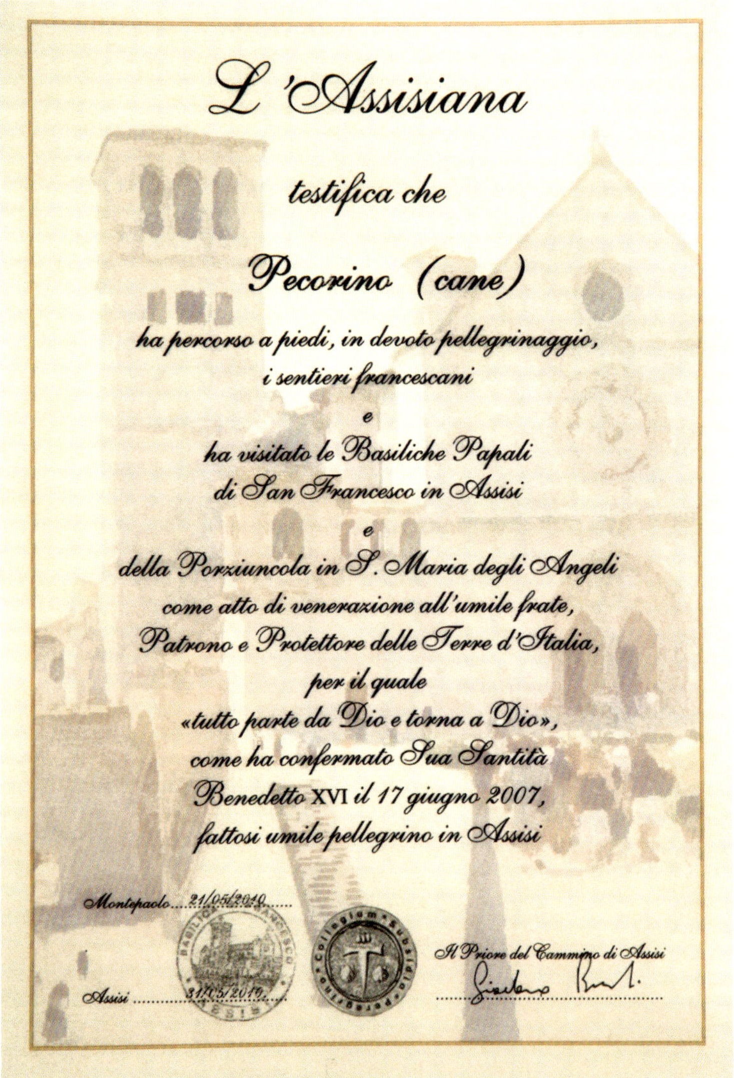

L'Assisiana

testifica che

Pecorino (cane)

ha percorso a piedi, in devoto pellegrinaggio,
i sentieri francescani
e
ha visitato le Basiliche Papali
di San Francesco in Assisi
e
della Porziuncola in S. Maria degli Angeli
come atto di venerazione all'umile frate,
Patrono e Protettore delle Terre d'Italia,
per il quale
«tutto parte da Dio e torna a Dio»,
come ha confermato Sua Santità
Benedetto XVI il 17 giugno 2007,
fattosi umile pellegrino in Assisi

Montepaolo 21/05/2010

Assisi 31/05/2010

Il Priore del Cammino di Assisi

Dank

Besonderen Dank will ich noch an folgende Hunde und Menschen aussprechen, nicht nur, weil sie meine Karriere gefördert, auf mich aufgepasst und dieses Buch ermöglicht haben, sondern weil ich sie ganz tief in mein Herz geschlossen habe: meiner Frau Jessie, meinen Kindern Lotta, Shakeera, Stellina, Socrate, Niki, Paco, Pellegrino und Pecorino Junior, meinen Enkelkindern Peanut und Bebop, meinen Eltern Lady und Filippo, meiner Schwester und meinen drei Brüdern, die ich seit meiner Kindheit nicht mehr gesehen habe, meinen älteren Geschwistern Levis und Luigi, meinen Freundinnen Kitty, Cora, Penelope und Luna, Susanne Kraler und Claudio Honsal, Christina Anzenberger-Fink und Toni Anzenberger, Regina Anzenberger, Franca Speranza, Klaus Scheiblau, Johanna und Anton Anzenberger, Familie Gambarin, Norbert Treuheit, Rosa und Robert Kowald, Brigitte Trebos und Dieter Kollment, Brigitte Schneider, Lorli, Marco, Andrea und Katrin Magalotti, Bettina Hödlmoser, Maria Fohringer, Monica und Luigi Vai, Calvin Rieger, Stefan Burger, Manuela Knirsch, Chiara Oggioni Tiepolo, Nadia Shira Cohen, dem Team des Residenz Verlages und allen meinen Fans.

Mit freundlicher Unterstützung von HAPPY DOG

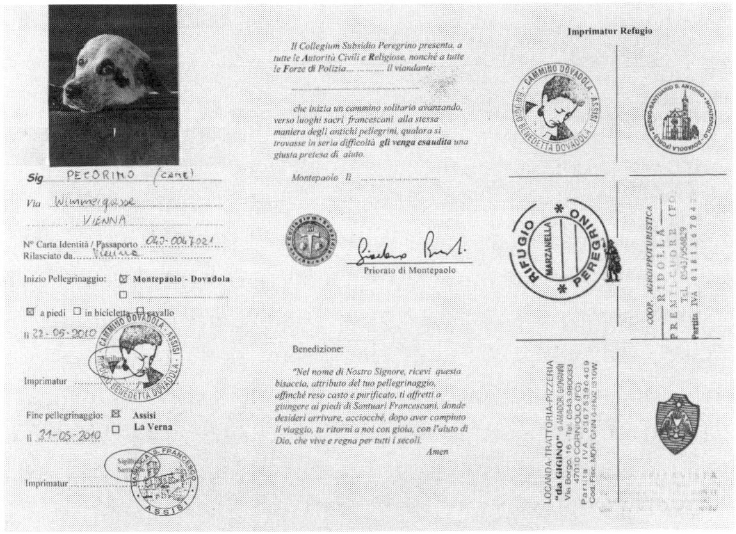
Sig PECORINO (cane)
Via Wimmergasse
VIENNA
N° Carta Identità / Passaporto 040-0047021
Rilasciato da Vienna
Inizio Pellegrinaggio: ☒ Montepaolo - Dovadola
☐
☒ a piedi ☐ in bicicletta ☐ cavallo
li 22-05-2010
Imprimatur
Fine pellegrinaggio: ☒ Assisi
☐ La Verna
li 31-05-2010
Imprimatur

Il Collegium Subsidio Peregrino presenta, a tutte le Autorità Civili e Religiose, nonché a tutte le Forze di Polizia... .... il viandante:

*che inizia un cammino solitario avanzando, verso luoghi sacri francescani alla stessa maniera degli antichi pellegrini, qualora si trovasse in seria difficoltà **gli venga esaudita** una giusta pretesa di aiuto.*

Montepaolo li ....

Priorato di Montepaolo

Benedizione:

"Nel nome di Nostro Signore, ricevi questa bisaccia, attributo del tuo pellegrinaggio, affinché reso casto e purificato, ti affretti a giungere ai piedi di Santuari Francescani, donde desideri arrivare, acciocché, dopo aver compiuto il viaggio, tu ritorni a noi con gioia, con l'aiuto di Dio, che vive e regna per tutti i secoli.

Amen

Imprimatur Refugio

Pilgerpass: Auch einen eigenen Pilgerpass habe ich bekommen …

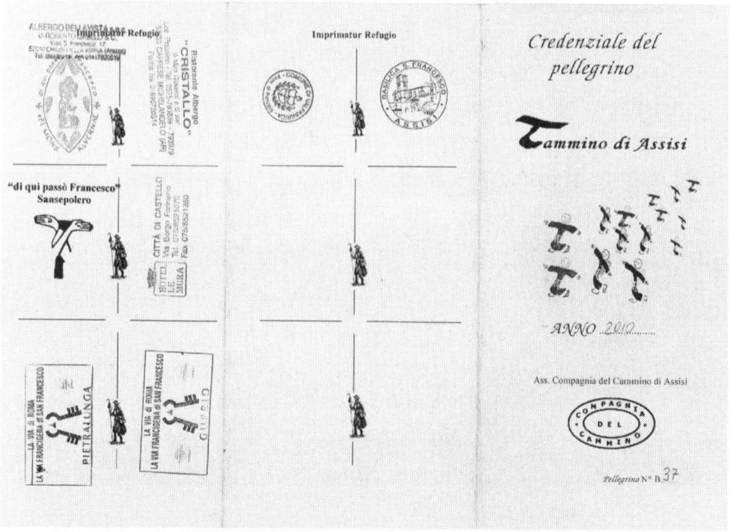

... als schöne Erinnerung und als Beweisstück mit allen Pilgerstempeln.

Toni Anzenberger

Ein Hund für jeden Tag – Pecorino on Tour

Immerwährender Kalender

368 Seiten, vierfarbig · Format 23,8 × 10 cm · ISBN 978-3-86913-024-8

Broschürenkalender · 42 × 29 cm

Pecorino – Ein Hund geht auf Reisen 2012

42 × 58 cm (offen) · € 12,99 (D/A) / SFr. 22.00 · ISBN: 978-3-8320-1812-2

Clemens Haipl

Sind wir bald da?

Clemens Haipl sucht den Jakobsweg

ISBN 978 3 7017 1538 1

Selbstfindung für Fahrzeughalter und Fußmüde: Clemens Haipl ist dann mal weg und bahnt sich seinen eigenen Jakobsweg.
Dabei kommt er dem Glück und dem Sinn des Lebens sehr nahe: mit dem Auto, bequem, schnell und fidel, von einem St. Jakob zum nächsten. Und auch wenn er nicht auf alles eine Antwort findet, er stellt zumindest die richtigen Fragen: Warum leben Blumen nicht im Wasser, wenn sie so viel davon brauchen? Warum haben Tiere keinen Haarausfall? Und was ist eine Happy Hour in einem All-you-can-eat-Restaurant?
Clemens Haipl erlebt auf der Suche nach sich selbst allerhand Überraschungen, Enttäuschungen und Offenbarungen, und gewinnt am Ende die Einsicht: Auch eine Muschel kann ein großer Fisch sein!

Man kann „Sind wir bald da?" als Parodie auf die grassierende Ratgeber- oder Entschleunigungsliteratur lesen oder als Reise in Haipls Hirn. FALTER, *Sebastian Fasthuber*

Ein humoristisch-literarisches Tagebuch. FM4, *Martina Bauer*